FRANÇOIS BERTIN

D-DAY
NORMANDIE
UNIFORMES – ARMES – MATÉRIELS

EDITIONS OUEST-FRANCE

PREFACE

Plus de 60 ans se sont écoulés depuis ces jours sombres qui ont mené, en quelques mois terribles, notre pays, des ténèbres de l'Occupation à la liesse de la Libération.

La plupart des acteurs de ce moment incroyablement fécond de notre histoire ont disparu, rejoignant ainsi les millions de civils et de soldats, victimes du plus grand conflit armé que le monde ait connu.

Avec le temps, les stigmates ont disparu, les passions ont su s'apaiser et la mémoire se préciser.

L'ambition de cet ouvrage est de rappeler ce que furent ces mois d'été 1944 avec leur cortège de faits héroïques, de destructions, de courage et de renoncement.

La présentation des matériels, des armements, des uniformes de chaque acteur de cette gigantesque bataille qu'a connue la Normandie ne doit pas nous faire oublier que derrière cette façade technique, uniforme et réglementaire se trouvent toujours des hommes. Des êtres humains vêtus de kaki ou de feldgrau, venus du Texas, du Lancashire, du Québec ou de Hambourg, qui vont connaître les mêmes peurs, les mêmes angoisses, les mêmes doutes sur leur engagement au quotidien.

Sans distinction de nationalité, de croyance ou de parti, puisse ce livre leur rendre un ultime hommage.

A droite : ce "Major" de la police allemande, l'équivalent d'un commandant, arbore sur la manche gauche l'insigne spécifique de la police. Il porte une culotte de cheval d'officier à basane de cuir et des bottes à tige dure. Il est armé d'un pistolet Walther PP 7,65 qu'il porte à la ceinture.

L'OCCUPATION ALLEMANDE

J-1447

1447 jours c'est le temps que vont devoir attendre les Français pour voir les premières heures de la libération de leur pays. 1447 jours d'occupation, de privations, d'humiliations… avant d'être confrontés aux dures conséquences de la plus grande opération militaire jamais effectuée.

Le 22 juin 1940, le gouvernement français signe un armistice avec l'Allemagne. Alors que des millions de soldats français partent pour les camps de prisonniers en Allemagne, la France est partagée en deux zones par une ligne de démarcation. La zone nord est entièrement occupée par les troupes allemandes alors que la zone sud conserve toutes ses prérogatives et une grande partie de ses libertés, placée sous l'autorité directe de l'État français dirigé par le maréchal Pétain. Une grande bande, appelée zone interdite, longe tout le littoral français, de la frontière belge à la frontière espagnole. C'est dans cette zone où la circulation et la présence des populations sont étroitement surveillées et contingentées que vont s'édifier les milliers d'ouvrages du futur mur de l'Atlantique. Le 19 août 1942, le raid manqué sur Dieppe, par des troupes anglo-canadiennes, conforte les Allemands dans leur certitude d'invincibilité et persuade les populations occupées que le débarquement n'est pas pour demain. Le 12 novembre 1942, à la suite du débarquement des Alliés en Afrique du Nord, les Allemands envahissent la zone libre. Désormais, tout le pays est occupé et les habitants de l'ancienne zone libre découvrent, à leur tour, les humiliations de l'Occupation.

"AUSWEIS" ET COUVRE-FEU

Le feldgendarme, ou policier militaire allemand, est revêtu du "Klepper", un grand imperméable de caoutchouc réservé aux personnels motocyclistes mais très apprécié de tous les combattants. La raquette de signalisation qu'il porte, glissée dans son ceinturon, équipait tous les véhicules pour indiquer les changements de direction.

Il tient en main un petit porte-cartes et est armé du classique mauser 98 K. Sur l'étui du masque à gaz qu'il porte en sautoir, il a attaché la toile anti-ypérite qui équipe tous les fantassins. Le feldgendarme est immédiatement identifiable, de jour comme de nuit, par la plaque en forme de croissant qu'il porte autour du cou et dont les attributs sont phosphorescents et par le passe-poil orange qu'il arbore sur ses épaulettes.

En février 1943, le gouvernement de Vichy crée le STO, le Service du travail obligatoire qui doit fournir de la main-d'œuvre aux usines allemandes. De nombreux réfractaires à ces départs pour l'Allemagne se voient contraints de rentrer dans la clandestinité, apportant ainsi aux maquis de la Résistance un renfort inespéré.

Quatre ans d'occupation, quatre ans de privations. De privation de liberté évidemment mais aussi de privations de toutes sortes. Les troupes d'occupation vivent sur le pays. Tout est réquisitionné, saisi. Matériels, matières premières, habillement, nourriture, tout est emmené en Allemagne ou distribué aux troupes de soldats allemands et étrangers, qui occupent le pays. Les restrictions sont nombreuses et files d'attente et tickets de rationnement, le lot quotidien de millions de Français. L'Occupation, c'est aussi le couvre-feu, les rafles, les arrestations, les bombardements.

Chacun attend le grand jour où les troupes alliées vont arriver pour chasser les occupants. Chacun attend le Débarquement.

L'OCCUPATION

Tenue de sous-lieutenant d'infanterie

Le passepoil blanc des épaulettes et de la casquette nous indique une appartenance à une unité d'infanterie. L'officier, qui a été décoré à de nombreuses reprises, porte une vareuse de troupe remontée pour un officier. Il porte à la boutonnière le ruban de la Croix du Mérite de 2ᵉ classe et sur la poitrine, en dessous de l'insigne de combat au corps-à-corps, une barrette de décorations avec, de gauche à droite, la Croix de fer de 2ᵉ classe, la Croix du Mérite et la Médaille du front de l'Est.
En dessous de la Croix de fer de 1ʳᵉ classe, il arbore l'insigne de combat d'infanterie et la médaille des blessés en or.

"DER ATLANTIKWALL"
LE MUR DE L'ATLANTIQUE

L'objectif du mur de l'Atlantique est d'obtenir, tout au long des côtes de l'Ouest, une ligne continue de défenses empêchant tout débarquement. Cette ligne s'étend sur plus de 5 000 kilomètres, de la Hollande à la frontière espagnole. Onze millions de tonnes de béton seront coulés pour bâtir plus de 15 000 ouvrages qui vont du "Trobrukstand", simple trou à soldat, à la base sous-marine. L'accent est tout particulièrement mis sur la défense de la côte nord, la plus proche de l'Angleterre, et tous les ports de commerce et de pêche ont été transformés en forteresses. L'expérience du raid de Dieppe par les troupes anglo-canadiennes, le 19 août 1942, a porté ses fruits tant du côté allié que du côté allemand.

Le long de la côte concernée par les opérations d'Overlord, l'ennemi aligne une trentaine de batteries d'artillerie côtière armées de 4 à 6 pièces de 105 et 155 mm. Ces batteries, souvent sous abri bétonné, sont reliées entre elles par des "Widerstandsnester" ou nids de résistance, puissamment armés pour la défense rapprochée et qui peuvent se regrouper en points d'appui appelés "Stützpunkte".

L'ORGANISATION TODT

C'est à cette organisation paramilitaire allemande, dirigée par le docteur Fritz Todt, que le Führer confie l'édification d'une ligne de défense continue du littoral, qui va des polders de la Hollande à la frontière espagnole. Solidement encadrés par des techniciens allemands, plusieurs centaines de milliers de travailleurs, volontaires ou réquisitionnés, vont construire sur les 5 000 kilomètres de côtes plus de 15 000 ouvrages en béton. Le gigantesque chantier, commencé en décembre 1941, sera loin d'être terminé au matin du 6 juin 1944 et le mur de l'Atlantique est loin d'être la forteresse inexpugnable et continue que présente complaisamment la propagande allemande. Malgré les efforts du maréchal Rommel pour pallier au plus vite les incuries criantes du système de défense, celui-ci ne retardera que de quelques heures les troupes d'invasion.

L'artillerie en place tout au long du mur de l'Atlantique aligne des canons de tous calibres, allemands bien sûr mais aussi récupérés auprès des armées vaincues. On trouve ainsi des pièces d'artillerie françaises, anglaises, polonaises, russes… L'Europe entière est représentée.
De gauche à droite, 2 obus antichars de 37 mm pak et 50 mm pak, puis des obus explosifs de 75 mm, 50 mm et 37 mm. La boîte de cartouches calibre 7,92 mm donne l'échelle.

LES DEFENSES DES PLAGES

C'est au maréchal Edwin Rommel qu'incombe, à la fois, la responsabilité de l'efficacité du mur de l'Atlantique et la défense du secteur le plus exposé à un éventuel débarquement, puisqu'il a été nommé chef du groupe d'armée B, qui couvre le territoire de la Hollande à l'embouchure de la Loire. Fin 1943, constatant le peu de valeur défensive du mur, il prend de nombreuses mesures à la fois simples et efficaces, comme la plantation de pieux dans les champs et l'inondation de vastes secteurs pour empêcher le parachutage ou l'atterrissage, l'extension des réseaux de barbelés et de champs de mines, l'installation de murs antichars, de tranchées, de pièges de toutes sortes qui s'alignent tout au long des grèves, susceptibles d'accueillir les péniches de débarquement. A la veille du Jour J, le mur de l'Atlantique semble être devenu une réalité.

Pas pour le maréchal Rommel qui confie le 22 avril à son secrétaire : "Croyez-moi, Lang, les premières vingt-quatre heures de l'invasion seront décisives… Le sort de l'Allemagne en dépendra… Pour les Alliés, comme pour nous, ce sera le jour le plus long."

Les blockhaus

Ils sont de plusieurs types et abritent des canons de différents calibres de 20 à 210 mm servis par des troupes de la Heer et de la Kriegsmarine.

Les champs de mines

Les Allemands ont mis en place dans les champs qui bordent les plages un réseau dense de mines de tous types.

La solution : l'utilisation du détecteur de mines et son corollaire, le déminage manuel. Ou, plus expéditif, l'utilisation du char Sherman "Crab", dont les chaînes frappent le sol pour les faire exploser.

Les murs antichars

Hauts quelquefois de plusieurs mètres sur plusieurs centaines de mètres de long, ils empêchent toute circulation des blindés. La solution pour passer : le "Pack Charge" qui réunit plusieurs kilos d'explosifs à un détonateur, puis le "Tankdozer", un char Sherman muni d'une lame de bulldozer à l'avant.

Les pieux

Solidement enfoncés dans le sable, ils sont quelquefois surmontés par une mine. Comme la plupart des obstacles de plage mis au point par les Allemands, leur but est d'éventrer la coque des navires.

Les rampes

Composées d'une poutre soutenue, côté terre, par un chevalet, les rampes ont pour but de déséquilibrer les péniches. Elles sont quelquefois équipées d'une mine.

Les hérissons tchèques

Ils sont d'une construction simple : 3 portions de poutrelles soudées par le milieu et dont l'une des extrémités est noyée dans des blocs de béton.

Les éléments C

Appelés "Portes belges" et, en France, "Système Cointet", les éléments C se présentent comme de grandes grilles massives faites de poutrelles métalliques montées sur un châssis, qui empêche son retournement.

Les réseaux de barbelés

Ils couvrent des centaines de mètres carrés et sont renforcés de mines, de grenades et de pièges suspendus.

La solution : la torpille Bangalore qui se présente sous la forme d'un tube rempli d'explosifs, que l'on glisse sous les barbelés.

Les tétraèdres

Se présentant comme une pyramide à 3 faces, ils sont formés de 3 cornières en métal assemblées par la pointe et reposant sur un massif en béton. Là aussi, le but est d'immobiliser le navire et d'en éventrer la coque.

"LES PIONNIERS AU PIED DU MUR..."

Lors de sa dernière visite en Normandie, en mars 1944, le maréchal Edwin Rommel a été très clair. Nommé en novembre 1943 inspecteur du mur de l'Atlantique, il est consterné par ce qu'il voit tout au long des côtes et met immédiatement en place un plan de renforcement des défenses. Les pionniers du génie et tous les fantassins disponibles sont mis à contribution pour développer les champs de mines, densifier les réseaux d'obstacles, planter des pieux dans les champs (les "asperges de Rommel") pour empêcher l'atterrissage d'avions, dérouler des barbelés, multiplier les pièges de toutes sortes. La défense rapprochée des plages est sa principale préoccupation et la création de nombreux WN, les "Widerstandnesten", sortes de points d'appui autonomes et bien défendus, va se révéler une épine de taille pour les Alliés dans les premières heures du Débarquement. Notre pionnier, à gauche, porte sur son dos une sacoche spéciale du génie contenant pinces, couteau, clés... Il est coiffé d'une Feldmütze 43 et porte un surpantalon en camouflage à éclats. Armé d'un mauser 98K, il porte une cisaille grand modèle passée dans son ceinturon.

DES MINES PAR MILLIERS

EN BÉTON, EN BOIS, EN VERRE...

Pour améliorer leur potentiel défensif au niveau des plages et de l'immédiat arrière-pays, les Allemands mettent en place un réseau dense de mines. Pour empêcher toute détection et donc neutralisation, ils utilisent, pour la fabrication des engins explosifs, des matériaux amagnétiques comme le bois, le verre, le béton.

A gauche, une "Glass-Mine" ou mine en verre. La mince plaque de verre était recouverte de la plaque moulée de couleur au centre. Le tout surmontait le détonateur, appelé "nez de cochon", posé sur un pain de TNT qui garnissait le fond du bocal. Le tout était quasiment indétectable. Une simple pression sur le verre moulé brisait la fine plaque de verre et écrasait le détonateur, qui déclenchait l'explosion.

A droite, un autre type de mine en béton. Moulée dans du béton et donc, elle aussi, très difficile à détecter, elle était remplie de petites billes d'acier. Elle était souvent montée sur un piquet en bois enterré. Le détonateur, visible en haut de la mine, était du type à traction. Un réseau de fils quasiment invisibles reliait le détonateur, rendant la mine difficile à localiser et à désamorcer. Ces deux types de mines firent de très nombreuses victimes, non seulement pendant les combats mais aussi lors de la phase de déminage, menée en grande partie par des prisonniers allemands à la fin de la guerre.

Mine antichar et antipersonnel allemande modèle 35 dans sa boîte de transport. Le bouchon allumeur au centre de l'engin, ici du type antipersonnel, est déclenché par un réseau de fils tendus sur la route. Le bouchon allumeur antichar était du type à pression déclenché par le poids de l'engin...
Dimensions de la mine : diamètre : 30 cm, épaisseur : 8 cm. La mine dans sa boîte a été trouvée dans un bunker enterré de la pointe du Hoc, en Normandie.

L'EQUIPEMENT DU SOLDAT ALLEMAND

Ce ceinturon d'un fantassin de la Luftwaffe porte les cartouchières pour fusil 98 K et le porte-baïonnette 84/98. Chaque cartouchière en cuir grenelé noir abrite 2 chargeurs de 5 cartouches.

Le masque à gaz réglementaire était contenu dans une boîte en métal cannelé. Les oculaires de rechange, dans leur pochette de papier cristal visibles au premier plan, étaient rangés dans le couvercle. La bretelle du masque est marquée au même nom que la boîte : schutz (fantassin) Jessen Herman suivi du numéro 545.

Soldat de la Heer

Les passepoils blancs des épaulettes indiquent un soldat d'infanterie de la Heer. Le soldat a reçu, au cours de sa carrière, l'insigne d'assaut général, l'insigne des sports et l'insigne des blessés et il porte à la boutonnière le ruban de la Croix de fer de 2e classe.

Casque camouflé en trois tons de la Kriegsmarine, identifiable à la forme particulière de l'aigle figurant sur son côté gauche. Ce casque appartenait certainement au soldat d'une unité côtière chargée de la défense du mur de l'Atlantique. Ce casque a été trouvé sur la côte normande à proximité de Ver-sur-Mer.

La musette à pain modèle 1931 était souvent utilisée par les soldats, non seulement pour y transporter du pain mais aussi ses objets les plus personnels. On y trouve ici, en plus du calot réglementaire, la Feldmütze, un petit réchaud pliant à alcool, une boîte à lunettes, marquée "DienstBrille", un nécessaire de couture marqué "Nadeln", une boîte d'entretien du fusil, un rasoir, le traditionnel beurrier orange, des couverts…

Sac à dos réglementaire de la Wehrmacht, baptisé à juste titre "peau de vache". Le contenu du havresac 1934 est protégé par une pattelette de toile recouverte de peau de veau. Le soldat emportait dans ce sac de marche une paire de brodequins, son nécessaire de toilette, sa gamelle dans sa housse, des vivres de réserve…

Ce fantassin, qui porte le paquetage de combat adopté en 1939, est armé du fusil mauser 98K.

C'est par conteneurs entiers que le matériel est parachuté dans les maquis. Ces longs cylindres de métal de près de 2 m de long, composés de fûts détachables, contiennent tout le matériel destiné à mener une guerre de subversion : armes, munitions, explosifs, matériel de transmission, vivres…

Collections du musée de la Résistance de Saint-Marcel

PLAN VERT, PLAN TORTUE, PLAN VIOLET...

Trois plans de destruction sont dévolus aux maquis de la Résistance. Le plan Vert organise le sabotage des voies ferrées devant empêcher tout mouvement de troupes et de matériels, surtout les chars, en direction des zones de débarquement. Le plan Tortue, comme son nom l'indique, effectue la même opération au niveau du réseau routier. Le plan Violet vise à la destruction des lignes téléphoniques. L'action combinée de ces trois plans doit provoquer la désorganisation des forces allemandes et rendre toute contre-attaque difficile sinon impossible.

LA RESISTANCE EN NORMANDIE

J-1/19h40

"... blessent mon cœur d'une langueur monotone."

Pour communiquer avec Londres, certains groupes de résistance avaient reçu des services anglais des émetteurs-récepteurs, dissimulés dans des valises.

Les Allemands entendent bien ce message personnel de la BBC qui reprend un des vers de Verlaine. Or, 48 heures auparavant, les services d'écoute de la XVe armée allemande avaient noté la première partie du vers "Les sanglots longs des violons de l'automne…". Ils savent que la 2e partie annonce l'imminence du Débarquement mais l'état-major des unités de Normandie n'en sera jamais informé. Pendant ce temps, sur les ondes de la BBC, les messages personnels destinés aux maquis de la Résistance se succèdent : "Les dés sont sur le tapis", "Il fait chaud à Suez"…

Aussitôt, dans toute la Normandie, comme dans le reste du pays, des groupes de résistants coupent les lignes téléphoniques, font sauter des rails de chemin de fer, entravent les routes en abattant des arbres… désorganisent et inquiètent les Allemands qui ont à subir, en plus, des bombardements intensifs de leur ligne de défense.

L'armement des maquis était forcément disparate. Aux armes alliées : fusil Enfield anglais, carabine M1 américaine, Colt 45… venaient s'ajouter les armes prises à l'ennemi : pistolet-mitrailleur MP40, mitrailleuse MG34, grenades…

Posé sur le fanion du maquis, une carabine US M1 A1 à crosse métallique rabattable a été gravée par son propriétaire (collections du musée de la Résistance de Saint-Marcel).

LES RECONNAITRE : WAFFEN SS OU HEER ?

La distinctive jaune des passe-poils des coiffures indique des unités de reconnaissance blindées : à gauche, la casquette de la Waffen SS reconnaissable à sa tête de mort, à droite, celle de la Heer.

LES EQUIPAGES DE CHARS

Les équipages des Panzerdivision de la Heer portent presque la même tenue que ceux qui opèrent dans les SS Panzer–division : même tenue de drap noir, mêmes bottes ou brodequins. La coiffure est sensiblement différente. Les SS portent une tête de mort sur le bandeau, alors que les équipages des blindés de l'armée de terre portent la cocarde et les feuilles de chêne traditionnelles. Les rabats de col sont différents. Les équipages des SS Panzer-division portent les runes SS du côté droit et l'insigne de grade spécifique du côté gauche alors que le Heer arbore, sur un plateau noir, une tête de mort de cavalerie, dite de 'Brunswick' identique des deux côtés, entourée du passepoil rose, couleur distinctive des blindés. La boucle de ceinturon est évidemment différente.

L'usage intensif des tenues camouflées ou le fait que certains des éléments de leurs uniformes fassent appel à la même symbolique comme, par exemple, la tête de mort sur fond noir, il est quelquefois difficile de les identifier clairement et de distinguer un fantassin de la Heer d'un grenadier d'une SS Panzerdivision.

LES HOMMES DE TROUPE

Comme pour les équipages de blindés, les troupes à pied de la Waffen SS portent l'aigle spécifique de leur arme sur la manche gauche. Les différences sont les mêmes concernant les coiffures. Sur les casques, nous trouvons tantôt les runes SS sur un écu blanc ou noir, tantôt l'aigle de la Wehrmacht. Les blouses de camouflage portées sur l'uniforme empêchent souvent une identification certaine. Dans la mesure où, très souvent, les casques sont entièrement recouverts de peinture camouflée, seuls les rabats de la vareuse portée en dessous de la blouse peuvent renseigner le spécialiste. L'armement et l'équipement sont identiques.

LA GIGANTESQUE ARMADA DE 6 939 EMBARCATIONS SE MET EN ROUTE.

L'escadre de combat

7 cuirassés
23 croiseurs
221 destroyers, frégates et corvettes
495 vedettes
58 chasseurs de sous-marins
4 poseurs de mines
2 sous-marins

La flotte logistique

736 vaisseaux auxiliaires
864 cargos

La force de débarquement

4 126 navires et barges répartis en 47 convois.
229 LST Landing Ship Tank
Ils peuvent transporter jusqu'à 2 000 t d'hommes et de matériels les plus divers et de 2 à 6 LCVP. Ils sont armés d'un canon de 40 mm et de 6 pièces de 20 mm. Il existe des LST hôpitaux. Equipage de 100 hommes. Longueur : 98,40 m.
245 LCI Landing Craft Infantry
Ils emportent jusqu'à 200 hommes. Longueur : 46,60 m.
911 LCT Landing Craft Tank
Ils emportent à leur bord des chars non préparés pour l'assaut amphibie et des "tankdozers". Equipage de 13 hommes. Longueur version 5 : 33,70 m. Longueur version 6 : 34,90 m.
481 LCM Landing Craft, Mechanized
De poids et de tailles variés, ils emportent un char. Equipage de 4 hommes. Longueur : 15 m.
1 089 LCVP Landing Craft Vehicle, Personnel
Ils emportent 30 hommes ou un petit véhicule. Equipage de 3 hommes. Longueur : 10,90 m.

Le soutien d'armement naval

Parmi les navires les plus puissants, qui le composent, se trouvent, pour la Force O :
l'U.S.S. *Texas* (10 x 350 mm, 6 x 125 mm et 10 x 75 mm), l'U.S.S. *Arkansas* (12 x 300 mm et 10 x 75 mm), l'U.S.S. *Augusta* (9 x 200 mm et 8 x 125 mm)
Pour la Force U :
l'U.S.S. *Nevada* (10 x 350 mm et 16 x 125 mm), l'U.S.S. *Quincy* (9 x 200 mm et 12 x 125 mm), l'U.S.S. *Tuscaloosa* (9 x 200 et 8 x 125 mm).

J-385
NOM DE CODE : "OVERLORD"

En mai 1943, lors de la conférence "Trident" qui se tient à Washington, les Alliés décident que le débarquement en France aura lieu le 1er mai 1944 dans le Pas-de-Calais ou dans la baie de Seine et ils lui donnent le nom de code d'"Overlord". En août, à Québec, deux importantes décisions sont prises : le Débarquement aura lieu sur le littoral du Calvados, dans un secteur long de 80 km englobant la base du Cotentin, avec comme objectif le port de Cherbourg ; la deuxième décision concerne la date de l'opération qui est repoussée, pour des raisons matérielles, au 5 juin au matin et possibilité de report aux deux jours suivants.

Secteur américain

Ve corps
Omaha

1st US Army

VIIe corps
Utah

Secteur anglo-canadien

Ier corps
Juno / Sword

2nd British Army

XXXe corps
Gold

SHAEF

LE COMMANDEMENT ALLIE

Commandement général
- Supreme Commander Allied Expeditionary Force
  General Dwight Eisenhower
- Deputy Supreme Commander
  Air Chief Marshal A. W. Tedder
- Commander-in-chief Allied Expeditionary Force
  Air Chief Marshal T. Leigh-Mallory
- Commander-in-chief Land Forces
  B.L. Montgomery, commanding officer
  21st Army Group
- Commander-in-chief Allied Expeditionary Naval Force
  Admiral B.H. Ramsay

Commandement des troupes de débarquement américaines
- Commanding Officer 1st US Army
  Lieutenant General Omar N. Bradley

Secteur Utah
- VIIe corps Major General J. L. Collins

Secteur Omaha
- Ve corps Major General L. T. Gerow

Commandement des troupes de débarquement britanniques et canadiennes
- Commander 2nd British Army
  Lieutenant General M.C. Dempsey

Secteur Gold
- XXXe corps Lieutenant General
  G.C. Bucknall

Secteurs Juno Sword
- Ier corps Lieutenant General J.T. Crocker

La Heer
Casquette d'officier de l'infanterie : aigle et cocarde de la Wehrmacht et passepoils blancs.

La Kriegsmarine
Casquette d'officier de l'artillerie côtière dépendant de la marine : aigle et cocarde de la marine.

Les Panzer
Casquette d'officier de panzer de la Heer : passepoil rose des blindés.

L'artillerie
Casquette de sous-officier d'artillerie : passepoil rouge de l'artillerie.

La Luftwaffe
Casquette de sous-officier de la Luftwaffe : aigle et cocarde de l'aviation.

La Waffen SS.
Casquette d'officier de panzer SS : aigle et tête de mort de la Waffen SS, passepoil rose des blindés.

ILS ATTENDENT
J-1/20h30

Artilleurs, équipages de chars, fantassins, aviateurs…, tous attendent le Débarquement. Dans les casernements et dans les milliers de bunkers qui parsèment toute la côte normande, les troupes allemandes, l'arme au pied et les jumelles braquées sur l'horizon, guettent l'inexorable moment où ils auront, comme l'a dit le maréchal Rommel, une journée pour repousser l'ennemi. Pour eux comme pour les forces d'invasion, ce sera le jour le plus long.

OB/WEST

LE COMMANDEMENT ALLEMAND

ARMEEGRUPPE B
Feldmarschall Erwin Rommel

- **VII. Armee** / General F. Dollmann
  84. Korps / General Marcks
  - 716e division d'infanterie
  - 352e division d'infanterie
  - 709e division d'infanterie
  - 243e division d'infanterie
  - 319e division d'infanterie
  - 91e division d'infanterie

  Troupes en réserve :
  - 21e Panzer Divisionen
    - 22e Panzer Regiment
    - 125e Panzer Grenadier
    - 192e Panzer Grenadier
    - 155e Panzer Grenadier
    - 21e détachement blindé de reconnaissance
    - 200e détachement de chasseurs de chars
    - 220e bataillon blindé de pionniers
  - 116e Panzer Divisionen
  - 2e Panzer Divisionen

- **XV. Armee** / General H. von Salmuth
  81. Korps

Les unités allemandes en Normandie

Rommel a demandé que les blindés de la 12e SS Panzer Divisionen "Hitlerjugend" et de la "Panzer Lehr", cantonnées très au sud de Caen, se rapprochent des côtes. Heureusement pour les Alliés, le 6 juin 1944, la demande suit son cours auprès du Führer, seul habilité à autoriser les mouvements des divisions blindées. Le long des côtes, concernées directement par les opérations de débarquement, s'alignent des unités de valeurs très différentes. Les renseignements à ce sujet font quelquefois défaut. Ainsi, sur Omaha Beach, ce n'est pas une unité de vétérans essoufflés mais bien une division d'infanterie très aguerrie, la 352e, que les Américains vont trouver en face d'eux.

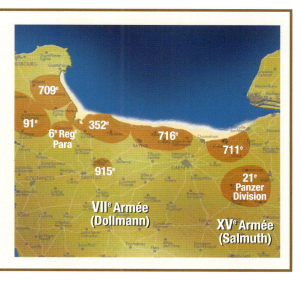

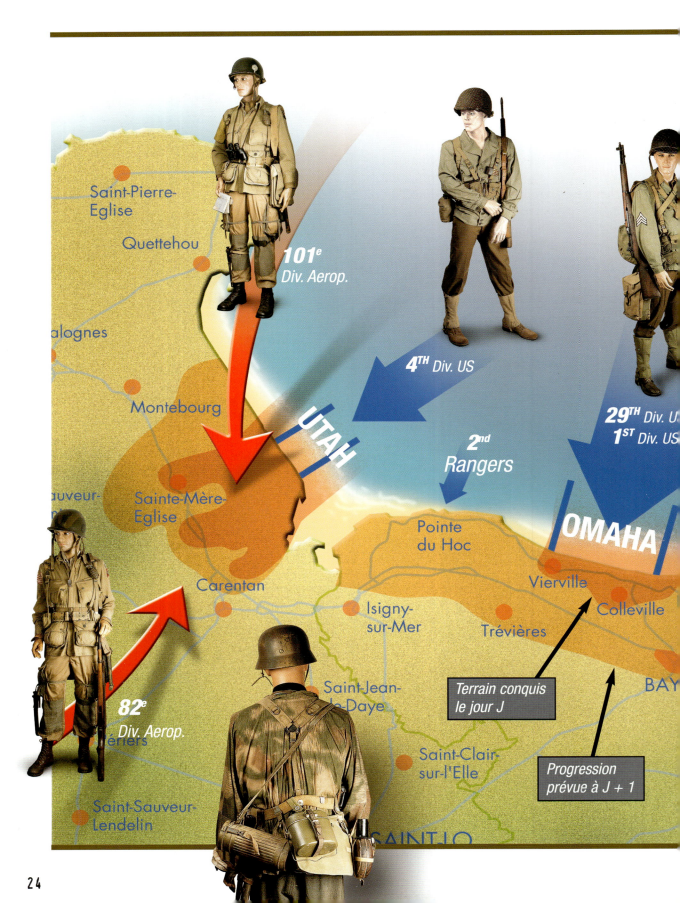

Saint-Pierre-Eglise

Quettehou

101ᵉ
Div. Aerop.

alognes

Montebourg

4ᵀᴴ *Div. US*

29ᵀᴴ *Div. U*
1ˢᵀ *Div. US*

UTAH

2ⁿᵈ
Rangers

auveur-

Sainte-Mère-
Eglise

Pointe
du Hoc

OMAHA

Carentan

Vierville

Colleville

Isigny-
sur-Mer

Trévières

BAY

82ᵉ
Div. Aerop.

eriers

Saint-Jean-
le-Daye

*Terrain conquis
le jour J*

Saint-Clair-
sur-l'Elle

*Progression
prévue à J + 1*

Saint-Sauveur-
Lendelin

SAINT-LO

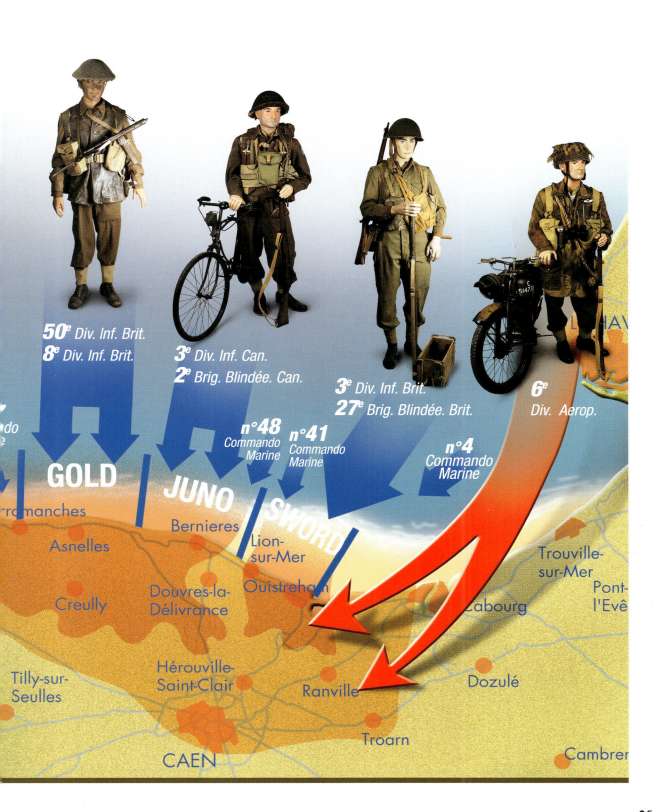

50ᵉ Div. Inf. Brit.
8ᵉ Div. Inf. Brit.

3ᵉ Div. Inf. Can.
2ᵉ Brig. Blindée. Can.

3ᵉ Div. Inf. Brit.
27ᵉ Brig. Blindée. Brit.

6ᵉ Div. Aerop.

n°48
Commando
Marine

n°41
Commando
Marine

n°4
Commando
Marine

GOLD

JUNO

SWORD

do
e

rromanches

Asnelles

Creully

Tilly-sur-
Seulles

Bernieres

Lion-
sur-Mer

Ouistreham

Douvres-la-
Délivrance

Hérouville-
Saint-Clair

CAEN

Ranville

Troarn

Cabourg

Dozulé

Trouville-
sur-Mer

Pont-
l'Evê

Cambre

LE HAV

SOLDAT DU 1ᴱᴿ BATAILLON PARACHUTISTE CANADIEN

Par-dessus son blouson de battle-dress, le parachutiste porte une Denison smock, sorte de blouse en toile camouflée sur laquelle il a enfilé l'équipement Pattern 1937 avec des cartouchières, les "pouches" pour ses munitions. On aperçoit, dans l'échancrure du col, le gilet de corps à mailles larges réglementaire, le "String vest". Les boutons-pression, visibles au bas de la blouse sont destinés à fixer la patte d'entrejambe au moment du saut. Le para porte en sautoir une corde de franchissement appelée "Toggle rope". Il est armé du fusil "N°4 Mark 1 Rifle", ici avec sa baïonnette clou. Sa tenue est identique à celle qui équipe les paras britanniques, seul, le passant jaune de ses épaulettes indique sa nationalité canadienne. La moto qu'il tient est une James Model ML, à moteur 2 temps Villiers de 125 cm³ de cylindrée, spécialement conçu pour les troupes aéroportées. Il est à remarquer qu'à l'opposé de leurs collègues d'outre-Atlantique, les parachutistes canadiens et britanniques n'emportent pas de parachute ventral. Une décision justifiée à l'époque par le coût élevé de l'équipement et, surtout, par le fait que les sauts s'exécutaient à trop basse altitude pour être efficaces.

J/0h16

Les parachutistes du major Howard attaquent le pont de Bénouville

Pour protéger le flanc est du Débarquement, la 6th Airborne Division britannique s'est vu affecter la zone située entre les rivières de l'Orne et de la Dives, où elle doit neutraliser des batteries allemandes comme celle de Merville, détruire certains ponts et en conserver intacts d'autres, comme le pont de Bénouville. A 0h16, le premier des trois planeurs prévus se pose sur la berge à quelques mètres du pont tenu par les Allemands qui ne remarquent rien. La surprise est totale et l'objectif est rapidement enlevé par la compagnie D du "2nd Battalion Ox and Bucks", emmenée par le major Howard, qui va tenir le pont jusqu'à l'arrivée des hommes du 1st Commando débarqués sur Sword Beach au petit matin. Malgré l'extrême dispersion

Le para a posé son casque "Helmet steel Airborne troops" sur un sac à armature métallique Bergman. Primitivement en dotation dans les troupes de montagne, son usage a été étendu à d'autres unités qui doivent évoluer sans soutien logistique. Au premier plan, le pistolet-mitrailleur Sten Mk V "Airborne troops" de calibre 9 mm parabellum, un modèle spécialement conçu pour les parachutistes avec ses crosses en bois. Certains soldats démontaient la crosse arrière pour rendre l'arme plus maniable.

LA 6TH AIRBORNE DIVISION

- **3e brigade parachutiste**
  - 8e bataillon parachutiste
  - 9e bataillon parachutiste
  - 1er bataillon parachutiste canadien
- **5e Brigade parachutiste**
  - 7e bataillon parachutiste
  - 12e bataillon parachutiste
  - 13e bataillon parchutiste
- **6e brigade d'infanterie portée**
  - 2e bataillon Oxfordshire and Buckinghamshire Light Infantry (Ox and Bucks)
  - 1er bataillon royal Ulster Rifles
  - 12e bataillon Devonshire Regiment, Compagnie A
- **Unités divisionnaires**
  - 22e compagnie indépendante parachutiste (éclaireurs)
  - 6e régiment blindé de reconnaissance aéroportée RAC
  - 53e régiment d'artillerie légère aéroportée
  - 1re et 2e escadres du régiment de pilotes de planeurs
  - Compagnies parachutistes du génie, transmissions, service médical.
- **Troupes rattachées à la 6e division aéroportée.**
  - Commandos N°3, N°4, N°6 de la 1re brigade Special Service
  - Commando N°45 du Royal Marine

LE PREMIER SOLDAT ALLIE DU 6 JUIN 1944 TUE EN NORMANDIE

Le lieutenant Brotheridge, placé sous les ordres du major John Howard, participe avec ses hommes à l'attaque de la garnison du pont de Bénouville. C'est au cours de l'action qu'il est touché mortellement par une balle, alors qu'il entraîne ses hommes à l'assaut du pont.

6TH AIRBORNE

La mission confiée aux parachutistes britanniques et canadiens de la 6ᵗʰ Airborne est de protéger le flanc droit du Débarquement. Ils doivent sécuriser toute une zone pour empêcher l'intervention de troupes allemandes stationnées plus à l'est. Cette zone-tampon est située en arrière de la côte entre la rivière la Dives et l'embouchure de l'Orne qui traverse Caen.

Ce casque de parachutiste britannique vient de Ranville. A l'intérieur de la coiffe, son propriétaire a inscrit : "R.Watson Pret Amcorp."

des sticks et la perte du matériel lourd, les paras britanniques et canadiens vont atteindre les objectifs qui leur sont assignés. La dangereuse batterie de Merville est prise par les hommes du 9ᵗʰ Battalion du lieutenant-colonel Otway et les cinq ponts enjambant la Dives sont détruits conjointement par le 8ᵗʰ Battalion britannique et le 1ˢᵗ Canadian Battalion, empêchant ainsi toute incursion allemande dans le flanc Est du dispositif allié.

Posés sur une bouée de parachutiste anglais, de gauche à droite : dague Fairbain, "Toggle Rope" petit modèle et, au premier plan, brevets de parachutiste, ancien et nouveau modèle.

PARACHUTISTE DE LA 6TH AIRBORNE DIVISION

Il est coiffé du célèbre béret de couleur amarante réservée aux troupes aéro-portées, le "maroon beret" orné de l'in-signe des "Parachute regiments". Il porte à son ceinturon, Pattern 1937, l'étui en toile web pour arme de poing, dont la dragonne de l'arme est fixée à l'épaulette gauche. A remarquer, sous la Denison smock, la vaste poche gauche du pantalon de battle-dress. Il s'appuie sur une caisse de transport de munitions.

Les zones d'atterrissage de la 6th Airborne Division

DZ "V" / Varaville
Mission confiée au 9th Battalion et au 1st Canadian Battalion
DZ "K" / Touffréville
Mission confiée au 9th Battalion
DZ "N" / Ranville
Mission confiée au 7th Battalion, 13th Battalion et 12th Battalion.
LZ "X" et LZ "Y" / rivière Orne et canal
Mission confiée à la compagnie D du 2nd Battalion Ox and Bucks et à une section de la 249th Field Company
LZ "W" / Saint-Aubin-d'Arguenay
Opération Mallard : 21h00 Mission confiée à la 6th Airlanding Brigade.

Grande Bretagne

"ALARM, ALARM !...
SIE KOMMEN !..."

Ce soldat des transmissions de la Heer, vêtu de l'uniforme standard, a monté son paquetage d'assaut sur le poste de radio qu'il porte sur le dos. Il porte ses écouteurs autour du cou et communique au moyen d'un laryngophone, dont le petit boîtier de commande est visible sur la bretelle de couleur brune.

J/1h30

Le général Marcks, commandant le 84ᵉ corps d'armée allemand est averti des premiers parachutages

Les renseignements, qui arrivent de plusieurs sites à la fois sont confus, les liaisons avec les unités concernées difficiles et les officiers présents autour du général Marcks ont du mal à se faire une idée précise de la situation. Dans un premier temps, il est signalé que les "fameux" parachutistes sont, en fait, des simples mannequins, fabriqués en "sacs à patates", avant que les premiers parachutistes britanniques et américains faits prisonniers n'arrivent à l'état-major, semant le doute dans les esprits. A 3h10, alerté de l'existence de bruits suspects de moteurs sur la mer par ses stations d'écoute, l'amiral Hennecke fait sortir quelques vedettes rapides de Cherbourg. Sans résultat ! Tous les officiers de la Wehrmacht, de la Kriegsmarine et de la Luftwaffe sont perplexes mais tous sont sûrs d'au moins une chose : le Débarquement, l'Invasion comme ils disent, ne peut avoir lieu que dans le Pas-de-Calais et nulle part ailleurs.

Téléphone de campagne allemand. L'appareil est contenu dans une boîte en Bakélite. La manivelle amovible à droite permet d'actionner la magnéto fournissant le courant électrique. Complément du combiné contenu à l'intérieur de la boîte, l'appareil pouvait être équipé d'écouteurs individuels. Dimensions : longueur : 27 cm, largeur : 22 cm, profondeur : 9 cm.

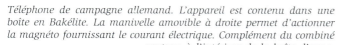

J/1h49

Les hommes de la 101ˢᵗ Airborne du général Taylor sautent sur Sainte-Marie-du-Mont

Comme leurs camarades de la 82ⁿᵈ Airborne, les 6 600 paras de la 101ˢᵗ Airborne ont reçu pour mission de protéger le flanc ouest du Débarquement. Les 432 Dakota C-47 qui les transportent ont été précédés une heure auparavant d'un largage d'éclaireurs des deux unités, les "pathfinders", qui vont baliser les zones de largage et sécuriser les terrains. Les tirs de la Flak, très présente, et les conditions météo vont disperser les sticks sur des kilomètres, rendant tout rassemblement difficile. Une grande partie du matériel lourd est perdue. Toute la nuit, des petits groupes de paras désorientés vont se chercher le long des chemins creux, faisant le coup de feu avec les rares détachements allemands qui essaient de se faire une idée plus précise de la situation. Pour la 101ˢᵗ Airborne, au soir du Jour J, les objectifs prévus sont globalement atteints.

LA 101ˢᵗ AIRBORNE "SCREAMING EAGLE"

L'emblème des "Aigles hurlants" représente une tête d'aigle sur un écu noir. L'aigle est l'oiseau symbole des Etats-Unis.

101ᵉ Division aéroportée américaine général Maxwell Taylor
- 501ᵉ, 502ᵉ, 506ᵉ régiments d'infanterie parachutiste
- 377ᵉ régiment d'artillerie parachutée
- 327ᵉ régiment d'infanterie aéroportée (planeurs)
- 321ᵉ et 907ᵉ régiments d'artillerie aéroportée
- 326ᵉ bataillon du génie aéroporté

Retrouvée dans la région de Montebourg cette veste de saut appartenait à un pathfinder (éclaireur) du 6 juin, le sergent chef Reodon. La veste, de couleur trop claire aux yeux des éclaireurs, a été camouflée – y compris l'insigne de grade – par de grands coups de pinceau de peinture verte. La corde portée autour du cou est une "toggle rope", une corde de franchissement utilisée abondamment par les paras britanniques.

Collections du musée Omaha de Saint Laurent-sur-Mer

Il est d'usage chez les parachutistes de porter sa pochette de pansements, la "parachute first-aid packet", arrimée sur le haut du casque. Elle est fixée au filet de camouflage par les lacets noués. Le filet a reçu, ici, des bandes de toile de couleur d'inspiration britannique.

Ce "technician 5th grade" de la 101e A/B porte son revolver glissé dans le holster spécial qui est aussi en dotation dans les blindés et quelquefois adopté par certains officiers.

Officier parachutiste de la 101e Airborne "Screaming Eagle"

Le marquage blanc de son casque M1C indique qu'il appartient au 377th Parachute Field Artillery Battalion. La jugulaire de toile du casque a été accrochée en arrière. Il porte sur le bras droit le "sleeve gas detector", le brassard de détection des gaz. Sous le porte-cartes porté en bandoulière, on aperçoit le manche de la pelle pliante M1943.

Il porte au mollet droit son couteau M3 porté dans un fourreau de toile vulcanisée US M8. A son ceinturon est accrochée une pochette en toile pour deux chargeurs de carabine US M1. Notre homme est vêtu de la tenue de saut M 1942, composée d'un pantalon à deux poches à soufflets et d'une vareuse à quatre poches serrée à la taille. Le contenu des "cargos pockets" du pantalon, au nom si évocateur, est maintenu en place par une sangle nouée. La sangle, passant au niveau du genou gauche, est celle de la housse du masque à gaz.

Les zones d'atterrissage de la 101st Airborne Division

DZ "A" / Saint-Martin-de-Varreville
Mission confiée au 502nd Parachute Infantry Regiment et au 377th Parachute Field Artillery.

DZ "C" / Hiesville
Mission confiée à la 3e compagnie du 501st Parachute Infantry Regiment, aux 1re et 2e compagnies du 506th Parachute Infantry Regiment et à l'état-major de la 101st Airborne.

DZ "D" / Angoville-au-Plain
Mission confiée à la 1re et 2e compagnies du 501st Parachute Infantry Regiment, à la 3e compagnie du 506th Parachute Infantry Regiment et à la compagnie C du 326th Airborne Engineer Battalion.

LZ "E" / Hiesville
Mission Chicago : J/4h00
Mission Keokuck : J/21h00

La carabine US M1A1 porte une pochette de 2 chargeurs montée sur la crosse métallique pliante. A droite du casque M1C à mentonnière de cuir, un poignard M3.

A l'opposé du parachute principal commandé par une sangle automatique reliée à l'avion, le modèle de secours, appelé communément ventral, était muni d'une poignée que le parachutiste pouvait actionner en cas de disfonctionnement de la voilure principale. L'altitude relativement basse à laquelle s'effectuaient les sauts et l'obscurité ambiante rendaient cette manœuvre très aléatoire. Le ventral était fixé aux boucles du harnais par deux mousquetons. Les parachutistes américains étaient les seuls à disposer d'un tel dispositif de secours.

Pour transporter sans risque le fusil Garand M1 ou la carabine M1, les unités parachutistes sont dotées de housses rembourrées. Au premier plan, la machette utilisée aussi souvent en arme individuelle qu'en outil.

Chaque parachute portait sur lui, dans une pochette cousue spécialement, le petit livret portant le descriptif de ses contrôles et de son utilisation. Le parachute N° 104 a accompli son devoir dans la nuit du 5 au 6 juin 1944. Au premier plan, boussole de poignet et pansement individuel que les paras portaient souvent attaché au filet du casque.

Ce casque de para-
chutiste n'est pas
camouflé. La large bande plus
claire tracée sur le dessus du
casque est la peinture d'avertis-
sement de la présence de gaz de
combat. Le cercle noir que l'on
peut discerner, peint sur le côté
gauche, est la marque distinctive de l'unité.

La nuit du 6 juin 1944, le parachutiste
américain saute avec son parachute dor-
sal T5, le "back pack", porté par-dessus un
gilet de sauvetage que le porteur ne pouvait
gonfler qu'après avoir dégrafé l'encombrant
harnais qui comporte pas moins de trois
mousquetons à dégrafer et le tout, sous le feu
éventuel de l'ennemi. Sur le côté gauche du
gilet de sauvetage, a été imprimée au
pochoir la lettre G traversée d'un éclair. Elle symbolise le cri
"Geronimo !" que poussent les hommes du 501st Parachute
Infantry Regiment en passant la porte. Les 56 m² de la voilure du parachute sont en Nylon camouflé de taches vertes
et jaunes.

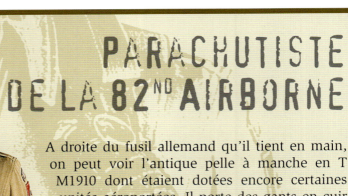

PARACHUTISTE DE LA 82ND AIRBORNE

A droite du fusil allemand qu'il tient en main, on peut voir l'antique pelle à manche en T M1910 dont étaient dotées encore certaines unités aéroportées. Il porte des gants en cuir fauve du modèle utilisé dans la cavalerie. A son mollet droit, il a ajusté un poignard M3 dans son fourreau en cuir M6. A son cou, pend le célèbre cricket, petit jouet métallique distribué la veille du Jour J, qui sera utilisé par tous les parachutistes pour se reconnaître et s'identifier dans la nuit. Le para a cousu, sur sa manche droite, le drapeau américain en toile plastifiée ou en étamine, qu'il a aussi reçu la veille. Sa vareuse de saut en popeline de coton beige, la " Parachute jumper coat ", a les poches particulièrement garnies. Il est à noter que les coudes de la veste et les genoux de son pantalon ont été renforcés par des bandes de toile cousues. Il est chaussé de bottes de saut, les "Parachute jumper boots", en cuir chromé brun avec semelle en caoutchouc.

Les zones d'atterrissage de la 82nd Airborne Division

DZ "O" / Sainte-Mère-Eglise
Mission confiée au 505th Parachute Infantry Regiment et à l'état-major de la 82nd Airborne
DZ "T" / Amfreville
Mission confiée au 507th Parachute Infantry Regiment
DZ "N" / Picauville
Mission confiée au 508th Parachute Infantry Regiment et à la compagnie B du 307th Airborne Engineer Battalion
LZ "W" / Les Forges
Mission Elmira : 21h00
Mission Galveston : D-Day + 1, 07h00
Hackensack : D-Day + 1, 09h00
LZ "O" / Sainte-Mère-Eglise
Mission Detroit : 04h00

J/1h51

Le 505th Parachute Infantry Regiment de la 82nd Airborne du général Ridgway saute sur Sainte-Mère-Eglise

La zone de largage de la 82nd Airborne se situe de part et d'autre du Merderet, un secteur marécageux que l'on croit sans obstacles majeurs mais que les Allemands ont partiellement inondé quelques jours auparavant. Le désastre est total : les hommes se noient en quelques minutes, alourdis par les dizaines de kilos d'équipement et de matériel qu'ils emportent. Le "505th Parachute Infantry Regiment" échappe à l'hécatombe en atterrissant pratiquement sur son objectif, le petit village de Sainte-Mère-Eglise qu'il investit rapidement. A 4h30, le commandant du 3e bataillon, le lieutenant-colonel Edward C. Krause, peut annoncer officiellement la prise de la petite localité.

Sur les 13 000 hommes des deux divisions engagées, plus de 2 500 seront mis hors de combat, tués, blessés ou disparus.

Les généraux sautent avec leurs hommes…

Le Brigadier General James M. Gavin est l'adjoint du Major General Matthew B. Ridgway, commandant de la 82nd Airborne Division.

Collections du
"Musée Airborne"
de Sainte-Mère-Eglise.

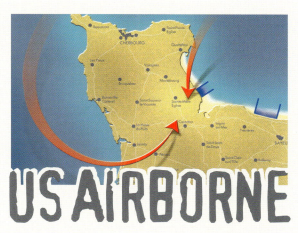

US AIRBORNE

La mission confiée aux parachutistes américains est la prise et la sécurisation d'une vaste zone située dans la presqu'île du Cotentin, à l'ouest de la plage la plus occidentale du Débarquement. Cette zone couvre environ 80 km² derrière la plage de Utah. Le parachutage proprement dit est précédé par le largage de 120 "pathfinders" dont seulement 38 pourront mener à bien leur mission.

LA 82ND AIRBORNE "ALL AMERICAN"

L'insigne divisionnaire se compose de deux "A" blancs réunis dans un cercle bleu, lui-même posé sur un rectangle rouge. On y retrouve les couleurs qui composent le drapeau américain. Les deux "A" signifient "All American", en français : "100 % Américain". La 82nd Airborne regroupait des naturalisés de fraîche date. L'intégration était immédiate.

82e division aéroportée américaine
général Ridgway
- 505e, 507e, 508e régiments d'infanterie parachutiste
- 376e régiment d'artillerie parachutée
- 325e régiment d'infanterie aéroportée (planeurs)
- 319e régiment d'artillerie aéroportée
- 307e bataillon du génie aéroporté

Une organisation précise

Chaque péniche reçoit un certain nombre de fantassins organisés autour d'armes et de missions spécifiques. Chaque homme a une fonction et une place bien précises dans l'embarcation. Pour le débarquement sur les plages d'Omaha et d'Utah, il existe deux types de répartition des 30 hommes embarqués. En première vague, la péniche d'assaut proprement dite, l'"Assault Boat Team", qui débarque des fusiliers et leurs armes de soutien puis, quelques minutes plus tard, la péniche d'accompagnement, la "Support Boat Team", qui transporte les armes lourdes du bataillon.

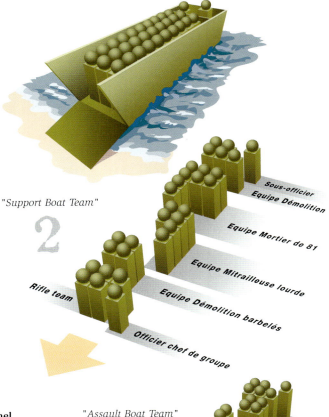

"Support Boat Team"

Du LCVP au LST

La flotte de débarquement proprement dite fait appel à une grande variété de bâtiments qui va du plus petit, le LCVP de 11 m de long et transportant 30 hommes, au LST, véritable transatlantique de 100 m de long, pouvant débarquer directement sur les plages plus de 2 000 t de fret à chaque voyage.

Nombre des bateaux employés dans les secteurs américain et britannique :
1 089 LCVP, 481 LCM, 911 LCT, 245 LCI et 229 LST

"Assault Boat Team"

LCVP Landing Craft Vehicle, Personnel
36 hommes ou 1 véhicule

LCM Landing Craft, Mechanized
1 char léger ou 1 camion

LCT Landing Craft Tank
4 chars DD et des véhicules ou 7 chars Sherman

LCI Landing Craft Infantry
188 hommes (une compagnie d'infanterie)

LST Landing Ship Tank
2000 t (hommes et matériels) et 2 à 6 LCVP

J /4h00

Les troupes des premières vagues quittent les navires de transport pour embarquer à bord des péniches...

Dans cette nuit du 5 au 6 juin 1944, la mer est terriblement mauvaise et les soldats peu amarinés souffrent le martyre. Beaucoup souffrent d'un mal de mer épouvantable qui les rendra quasiment inopérants au moment de quitter les péniches et monter à l'assaut. Et pourtant les fantassins ont fait la traversée sur des navires de gros tonnage.

Les anges gardiens du Débarquement

Outre le pilotage d'un nombre important de navires de débarquement, les "Coast Guards", les garde-côtes américains, déploient sur l'ensemble d'Overlord, 60 vedettes de 19 m spécialement chargées de venir au secours des soldats en difficulté. 1 483 hommes seront ainsi sauvés de la noyade par la "Coast Guard Rescue Flotilla One".

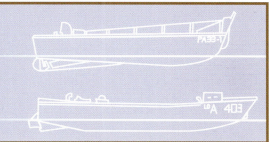

LCVP OU LCA

Les péniches, qui emmènent les premières vagues d'assaut, sont en grande majorité des LCVP, Landing Craft Vehicle Personnel, côté américain et des LCA, Landing Craft Assault, côté britannique. Le LCVP, plus trapu et ouvert, est entièrement métallique alors que le LCA, muni d'un plat-bord, est en contreplaqué marine, protégé en partie par des plaques de blindage. Chaque péniche emmène une quarantaine d'hommes.

Le LCM, Landing Craft Mechanized, pouvait emporter un char léger qu'il déposait directement sur la plage au moyen de sa rampe mobile. Le LCM transporte, ici, un char Sherman spécialement équipé de cheminées d'aération qui lui permettait d'avancer en roulant sur le fond de la mer, la tourelle au ras de l'eau. A ne pas confondre avec le char Sherman DD, "Duplex Drive", muni d'une jupe flottante et qui flottait réellement sur l'eau.

L'UNIFORME DU GI

1 – Casque d'acier M1 recouverte d'un filet de camouflage

2 – Casque léger (liner) en fibrane équipé d'une coiffe réglable

3 – Veste de treillis HBT "Herringbone Twill"

4 – Pantalon moutarde en laine

5 – Fusil semi-automatique Garand M1

6 – Montés sur le ceinturon-cartouchière M-1923 : bidon métal et sa housse de toile, pochette à pansements en toile, baïonnette et son fourreau

7 – Havresac M-1928 et son "Pack Carrier".

8 – Pelle droite à manche en T M-1910

9 – Brodequins de cuir complétés de guêtres en toile fermées par des lacets

Tous les effets vestimentaires sont imprégnés de produit contre les gaz vésicants.

J/6h30

Les premières vagues d'assaut de la 4th US Infantry Division arrivent à Utah Beach

L'objectif du 7e corps, dont dépend la 4th US Infantry Division, est le débarquement sur Utah Beach et la prise du port de Cherbourg. La première vague d'assaut est constituée du 1st et 2nd Battalion du 8th Infantry Regiment qui débarquent à l'heure juste mais 1 800 m plus au sud de la zone prévue. Le général Theodore Roosevelt décide d'y débarquer l'ensemble de ses troupes et les vagues d'hommes et de matériels vont se succéder toute la journée sans beaucoup d'opposition de la part de l'ennemi. Le 22nd Infantry Regiment traverse les dunes et la zone des marais pour gagner ses objectifs initiaux et assurer la jonction avec les paras de la 101st Airborne qui tiennent l'arrière-pays depuis la nuit. Des éléments débarqués de la 82nd Airborne rejoignent leurs camarades à Sainte-Mère-Eglise. La 4th Infantry Division va perdre 197 hommes dans l'opération, ce qui peut sembler dérisoire par rapport au bilan tragique de la plage d'Omaha.

Situation : portion de plage située devant la commune de La Madeleine

Secteurs de plage : Tare, Uncle

Heure de débarquement : 6 h 30
Force "U", Task Force 125, commandée par le Rear Admiral Moon

Unités concernées :
• 4e division d'infanterie
• 90e division d'infanterie
• 79e division d'infanterie
• 9e division d'infanterie
Nombre d'hommes débarqués
au soir du 6 juin 1944 : 23 250
Matériel : 1 700 véhicules
et 1 695 t d'approvisionnement

Secteur Tare
• 1st Battalion 8th Infantry Regiment
• 3rd Battalion 22nd Infantry Regiment

Secteur Uncle
• 2nd Battalion 8th Infantry Regiment
• 3rd Battalion 8th Infantry Regiment

Ensemble des secteurs
• 8 R.C.T., 22 R.C.T., 12 R.C.T.
• 6 Armoured Group
• 1 Engineer Special Brigade
• 359 R.C.T. (90 Division)
• 327 G.I.R. (101 Division)
• 4 Division Group
• 358 R.C.T.
• 357 R.C.T.
• 90 Division Group
• VII Corps

4TH DIVISION

Le symbole utilisé pour l'insigne de la 4th Division est 4 feuilles de lierre disposées en croix. L'explication est simple. Le chiffre 4 s'écrit en chiffres romains IV et se prononce en anglais : Ahivi. La prononciation est identique à celle du mot "ivy" qui signifie lierre. Le commandement a donc choisi, comme symbole d'unité, la feuille de lierre.

SERGENT DE LA 1RE DIVISION US

Il fait partie des premiers éléments débarqués sur la plage d'Omaha. Il est vêtu de la veste HBT. Il est armé du fusil semi-automatique Garand M1 de calibre 30,06 alimenté par des clips de 8 cartouches qui s'éjectent automatiquement à la 8e cartouche tirée. Sur sa jambe droite, la musette "General purpose bag" lui permet d'emporter de grandes quantités de munitions et d'explosifs. En complément de son ceinturon-cartouchière M-1923 de 10 clips de 8 cartouches, l'homme porte en sautoir une cartouchière d'allègement de munitions supplémentaires en toile, appelée "Bandoleer". La petite pochette visible au niveau de la main droite abrite la boîte de pansements individuels. Il a déjà abandonné sa ceinture de sauvetage.

J/6h35

Les premiers éléments de la 1st US Infantry Division débarquent sur Omaha Beach

La première vague est constituée de 8 compagnies d'infanterie qui devraient être appuyées par 29 chars Sherman "Duplex Drive" amphibies du 741st Tank Battalion. Mais, largués trop loin de la côte, tous, sauf deux, ont coulé dans une mer très formée. La compagnie A du 116th Infantry Regiment subit de plein fouet les tirs ennemis d'une densité et d'une violence inouïes. Hommes, matériels et véhicules s'agglutinent au pied du monticule de galets qui longe la plage, sans pouvoir réagir. La deuxième vague d'assaut vient se coller à la première. A 8 h du matin, la situation semble tellement désespérée que le Haut Commandement allié songe un moment à ordonner le repli de l'ensemble des troupes engagées sur la plage d'Omaha qui prend alors, pour tous les combattants, le surnom de "Bloody Omaha ", Omaha la sanglante. Mais, sur la plage, la situation évolue.

Chaque personnel participant aux opérations de débarquement reçoit une ceinture-bouée de sauvetage M-1926 en caoutchouc. Les deux boudins se gonflent immédiatement par l'action de deux cartouches de gaz sous pression. Des quantités importantes de ceintures de sauvetage ont été distribuées, celles-ci ne servant pas qu'aux hommes mais aussi à favoriser la flottabilité des matériels et armement les plus divers.

Secteurs de plage :
Dog Green, Dog White, Dog Red, Easy Green, Easy Red, Fox Green, Fox Red
Pointe du Hoc : Charlie

Heure de débarquement : 6 h 30
Force "O", Task Force 124, commandée par le Rear Admiral Hall

Unités concernées :
• 1re division d'infanterie
• 29e division d'infanterie
• 2e division d'infanterie
Nombre d'hommes débarqués
au soir du 6 juin 1944 : 34 250

Pointe du Hoc
• Ranger Group

Secteur Charlie
• 1st Battalion 116th Infantry Regiment
• 3rd Battalion 116th Infantry Regiment
• 116 R.C.T. (29 Division)

Secteur Dog
• 2nd Battalion 116th Infantry Regiment
• 3rd Battalion 116th Infantry Regiment
• 116 R.C.T. (29 Division)

Secteur Easy
• 2nd Battalion 16th Infantry Regiment
• 16 R.C.T.

Secteur Fox
• 3rd Battalion 16th Infantry Regiment
• 1st Battalion 16th Infantry Regiment
• 18 R.C.T.

Ensemble des secteurs
• 3 Armoured Group
• 5, 6 Engineer Special Brigades
• 1 Division Group
• 26 R.C.T., 115 R.C.T., 175 R.C.T.
• 29 Division Group

INFIRMIER D'UNE UNITE D'INFANTERIE

Sur sa combinaison une pièce, en toile HBT "Herring Bone Twill" ; il porte l'équipement spécifique de sa mission. Les bretelles de suspension du brêlage particulier supportent des musettes spéciales pour les fournitures de premier secours et deux pochettes à pansements au ceinturon. Il est chaussé de surbottes étanches en caoutchouc. A ses pieds, à gauche, un brancard pliant et une valise de premier secours.

SOUS LA PROTECTION D'UNE CROIX ROUGE...

La croix rouge a été utilisée par l'ensemble des belligérants comme signe distinctif des personnels de santé, qui se trouvent ainsi protégés par les conventions de Genève. La seule condition à cette neutralité accordée est que le porteur de la croix rouge ne soit pas armé, même légèrement.

Pourquoi une croix rouge ? Tout simplement parce que le créateur de l'organisme, Henri Dunant, est d'origine suisse. Quand il chercha un emblème de neutralité évident et identifiable pour tous, il pensa au drapeau de son pays : croix blanche sur fond rouge et prit l'image inversée : croix rouge sur fond blanc.

Collections du musée
Big Red One Assault Museum
de Colleville-sur-Mer

Deux divisions d'élite…

Omaha est le secteur le mieux défendu de la bande littorale où est prévu l'ensemble des opérations de débarquement. Les Américains savent que c'est là que peut se jouer l'issue d'Overlord, aussi ils ont fait appel à deux unités bien entraînées. Mais si la 1st Infantry Division, la "Big Red One", s'est taillé une solide réputation dans les combats menés depuis deux ans en Afrique du Nord et en Sicile, la 29th Infantry Division n'a encore jamais combattu.

Des petits groupes, emmenés par des officiers décidés, quittent la levée de galets, gagnent les dunes, s'attaquent aux bunkers, détruisent les obstacles. Le 18th Infantry Regiment s'empare de la sortie E-1 permettant le déblocage de la plage. Mais la jonction à Port-en-Bessin avec les Britanniques n'est pas réalisée et sur les 2 500 t d'approvisionnement prévues, seules 100 t ont pu quitter la plage. Les Américains ont perdu en une journée 3 880 hommes, presque 10 % de l'ensemble des troupes débarquées au soir du 6 juin 1944.

1ST DIVISION

L'insigne est constitué d'un écu brun sur lequel est placé un grand chiffre "1" en rouge. La 1st Division est surnommée "big red one" pour le "grand un rouge" depuis la Première Guerre mondiale, car elle fut en 1917 la première division américaine à se battre aux côtés des Alliés.

Pendant ce temps, à la pointe du Hoc…

… les hommes du 2nd Rangers Battalion, sous les ordres du lieutenant-colonel James Rudder, se lancent à l'assaut de la pointe du Hoc. Un promontoire escarpé, situé à égale distance des plages d'Omaha et d'Utah que les Allemands ont transformé en une forteresse armée de 6 canons de 155 mm. Les rangers ont reçu l'ordre d'escalader la falaise et de réduire les canons au silence. C'est ce qu'ils vont faire au moyen de grappins, d'échelles de corde, d'échelles de pompier montées sur des DUKW amphibies. Ils découvrent alors des casemates vides, les dangereux canons ayant été déplacés à l'intérieur des terres. Encerclés par une contre-attaque allemande, ils résisteront plusieurs jours avant d'être rejoints par leurs camarades débarqués sur les plages.

29TH DIVISION

Ce qui ressemble un peu à la représentation graphique de l'harmonie du yin et du yang est la symbolique des deux Etats qui composent la majorité des recrues de cette unité : la Virginie et le Maryland. Ces deux Etats s'étaient opposés au moment de la guerre de Sécession et l'on retrouve dans l'insigne les couleurs des uniformes : le bleu pour l'Union, le gris pour la Confédération. L'insigne démontre l'union sacrée entre ces deux Etats.

Une armée silencieuse...

Tel est peut-être ce qui va le plus surprendre les soldats adverses et les populations libérées habituées, depuis toujours, aux brodequins et bottes à semelles cloutées qui rendaient la marche des troupes, certe, martiale mais peu discrète. Les GI sont chaussés par l'Oncle Sam de superbes brodequins en cuir fauve retourné, dont la qualité de fabrication montre à l'évidence que les Etats-Unis sont un pays riche et recherchent le meilleur pour leurs soldats.

ENGINEER SPECIAL BRIGADE : MINEURS ET DEMINEURS...

Bloc de TNT et blocs de démolition M2 au tétrytol.

Collections du musée Big Red One Assault Museum de Colleville-sur-Mer

Pour débarrasser les plages des obstacles, détruire les murs antichars, déminer les terrains, les Américains déploient, dans les premières vagues, des unités spéciales du Génie. Celles-ci sont identifiables au large demi-cercle blanc peint sur leur casque. Débarquant sur Omaha Beach au milieu d'un chaos indescriptible et pris sous le feu nourri des hommes de la 352e division d'infanterie allemande, ils n'auront d'autre choix que d'abandonner provisoirement leur mission de démolition pour faire le coup de feu avec leurs camarades de l'infanterie. Ces unités de spécialistes compteront parmi les plus éprouvées du Débarquement.

Ces rouleaux de bandes indicatrices étaient utilisés par les sapeurs du génie américain pour baliser de façon claire les secteurs déminés. Les bandes servaient aussi à délimiter des voies de circulation, à prévenir des bords de falaise, à isoler des objets ou des matériels suspects... Les Allemands, eux, utilisaient des petits drapeaux à tête de mort pour marquer les endroits où une mine avait été détectée.

L'EQUIPEMENT DU GI DU DEBARQUEMENT

1 – Fusil semi-automatique Garand M1
2 – Ceinturon-cartouchière M-1923
3 – Havresac M-1928
4 – Bidon et housse M-1910
5 – Baïonnette M1
6 – Pochette à pansements M-1924
7 – Pelle droite M-1910
8 – Housse à gamelle
9 – Gamelle et couverts
10 – Casque M1

Le paquetage du GI

Le havresac M-1928 est composé de deux parties, la partie haute qui est conservée par le soldat, quelle que soit la situation de combat, et la partie basse du paquetage qui est laissée à l'arrière et remise au soldat lors de ses périodes de repos. Pour le débarquement, le soldat emporte dans son havresac : gamelle, couteau, cuiller et fourchette et 4 boîtes d'alcool solidifié, 2 mouchoirs, 1 boîte de poudre insecticide et 1 flacon de pastilles pour purifier l'eau, 1 manteau de pluie et 4 paires de chaussettes, sans oublier son nécessaire de toilette avec sa serviette en éponge nid-d'abeilles.

La partie basse, qui est laissée à l'arrière et le rejoindra plus tard par camion, abrite 1 tenue de treillis deux pièces, 1 maillot de corps et 1 caleçon court en coton, 2 mouchoirs, 1 serviette de bain, 2 paires de chaussettes de laine, 1 paire de brodequins de rechange et 2 couvertures, 1 demi-toile de tente avec piquets, cordeau et mât.

DOTATION SPECIALE "DEBARQUEMENT"

En plus de ses équipements réglementaires, le GI reçoit une dotation complémentaire spécialement composée pour le débarquement :
• 1 ceinture de sauvetage gonflable
• 1 sac en Pliofilm pour protéger le fusil
• 1 boîte de comprimés de Dramamine contre le mal de mer et 2 sacs à vomir en papier
• 3 rations K "Breakfast, Dinner, Supper" et 3 rations D
• 7 paquets de cigarettes et 7 petites boîtes d'allumettes
• 7 paquets de chewing-gum
• 1 paquet de lames de rasoir
• 1 flacon de pastilles pour désinfecter l'eau et 1 boîte de poudre contre les poux
• 3 préservatifs (prophylactics)
• 4 blocs d'alcool solidifié pour réchaud
• 4 paires de chaussettes de rechange
• 1 imperméable de toile enduite
Il reçoit également une enveloppe contenant un message du général Eisenhower et des billets de banque spécialement imprimés (Invasion Money).

SERGENT DU "DURHAM LIGHT INFANTRY"

Ce qui saute immédiatement aux yeux, c'est son gilet en cuir doublé de drap sans manches, le "Leather Jerkin". Il est porté au-dessus du blouson battle-dress. Notre sergent est armé d'une mitraillette Sten Mk III qu'il porte en sautoir et il est coiffé d'un casque Mk II, muni de son filet de camouflage. Son équipement individuel se compose du ceinturon et de "pouches", sortes de cartouchières montées sur les bretelles, le tout en toile de coton "Webbing". La vue de dos nous permet de détailler son équipement. Il porte le "Small Pack" sur lequel il a fixé son quart réglementaire et dont la pattelette recouvre en partie une pince coupante pour les barbelés. Nous pouvons distinguer, à droite, le bidon modèle 1937 avec sa housse en web et, à gauche, au-dessus de l'outil individuel, l'étui en toile verte du masque à gaz. L'homme est chaussé de brodequins qu'il porte avec des guêtrons.

L'IDENTIFICATION DES UNITES

1 – Titre d'épaule du régiment, ici le "title" du Durham Light Infantry.

2 – Insigne divisionnaire, ici du 50th Northumbrian Infantry division. Les deux T rouges symbolisen les rivières Tees et Tyne qui traversent la province.

3 – Strip d'arme, ici la couleur rouge indique les unités d'infanterie (sauf les rifles) ; le nombre de deux strips à la couleur de l'arme précise qu'il s'agit de la 2e brigade.

4 – Grade de "Sergeant".

J/7h25

La 50ᵗʰ "Northumbrian" Infantry Brigade lance l'assaut sur Gold Beach.

A 7h25, soit 5 minutes avant l'horaire prévu, les péniches de la 50ᵉ (Northumbrian) division d'infanterie britannique appuyée par les chars du 4ᵗʰ/7ᵗʰ dragoons accostent face au secteur King de Ver-sur-Mer, Asnelles. La plage est rapidement nettoyée de ses obstacles par les chars spéciaux du Westminster Dragoons et malgré des combats de retardement des troupes allemandes, les Britanniques atteignent la nationale 13 qui relie Caen à Bayeux. La 231ˢᵗ Infantry Brigade atteint Arromanches en fin d'après-midi, ce qui va permettre aux premiers éléments du port artificiel d'arriver sur zone. Parallèlement, le Commando 47 des Royal Marines se met en route vers l'ouest pour rallier les troupes américaines de la 29ᵉ D.I. débarquées sur Omaha Beach. La jonction sera effective le 8 juin. A 11 h, débarquent les éléments de la 2ᵉ vague composée des 151ˢᵗ et 56ᵗʰ Infantry Brigade. C'est cette dernière qui libérera Bayeux, le lendemain 7 juin au matin, pendant que la 50ᵉ Division fait sa jonction, le soir, avec la 3ᵉ D.I. canadienne.

Secteurs de plage :
Item Green, Item Red, Jig Green, Jig Red, King Green, King Red
Zone d'entretien et d'approvisionnement : Sun
Heure de débarquement : 7 h 30
Force "G", commandée par le Commodore Penant
Unités concernées :
- 50ᵉ division d'infanterie "Northumb" :
  - 56ᵉ brigade
  - 231ᵉ brigade
  - 151ᵉ brigade
  - 89ᵉ brigade
  - 8ᵉ brigade blindée
- 7ᵉ division blindée
- 49ᵉ division d'infanterie
Nombre d'hommes débarqués au soir du 6 juin 1944 : 24 970

Secteur Item
- 1 Hampshire
- 231 Brigade

Secteur Jig
- 1 Dorset, 2 Devon
- 47 Royal Marines Commandos
- 90, 147 Field Regiments RA
- 231 Brigade,
- 56 Brigade

Secteur King
- 6 Green Howards
- 69 Brigade

Secteur Love
- 5 East Yorkshire
- 7 Green Howards
- 86 Field Regiments RA
- 69 Brigade,
- 151 Brigade

SOLDAT DE LA 3ᴱ DIVISION D'INFANTERIE BRITANNIQUE

Coiffé du casque Mark III, qui équipe en priorité les formations d'assaut du 6 juin 1944, il porte la tenue de treillis deux pièces en toile de coton croisé appelé "Denim Overalls". Il est armé d'un fusil N°4 Mark I et a renforcé sa dotation en munitions contenues dans les "pouches" de son équipement individuel Pattern 1937 par deux cartouchières de complément en toile, les "bandoleers", qu'il porte sur sa poitrine. Il tient en main un étui d'antenne de radio.

J / 9h30

La BBC diffuse sur les ondes le communiqué N° 1 du SHAEF : "Sous le commandement du général Eisenhower, les forces navales alliées, appuyées par de puissantes forces aériennes, ont commencé ce matin à débarquer les armées alliées sur la côte nord de la France."

Casque et insignes de la 2ᵉ brigade des Black Watch de la 51ᵉ division d'infanterie Highland. Fanion d'antenne de char de la 3ᵉ DI, 2ᵉ brigade. Les Black Watch et la 3ʳᵈ Armoured Brigade vont combattre ensemble lors de la bataille de Caen.

J/7h25

Des unités de la 3rd Infantry Division débarquent sur Sword Beach

A l'heure H, le 1st South Lancashire et le 2nd East Yorkshire, appuyés par des blindés du 13th/18th Hussards débarquent et subissent immédiatement un feu nourri des éléments du régiment 736 et du 642e bataillon de l'Est qui assurent la défense du secteur. Débarquent aussi, simultanément, la 1st Special Service Brigade de Lord Lovat, qui après la prise de Ouistreham a pour mission de rejoindre des éléments de la 6th Airborne et les 177 commandos français libres du N°4 Commando. Les "troops" du N°6 Commando rejoignent, au pont de Bénouville, les paras du major Howard qui tiennent le point stratégique et ses abords depuis 1 h du matin. Les villages d'Hermanville-sur-Mer et Colleville-sur-Mer sont rapidement libérés mais la progression des Britanniques est stoppée en fin d'après-midi par une contre-offensive des éléments de la 21e Panzer Division qui se permettent même d'atteindre la côte à Luc-sur-Mer et d'observer l'armada alliée avant de se replier. La 3rd Division aura perdu 630 hommes, tués ou blessés. L'objectif principal, que constituait la prise de Caen par des éléments de la 185th Brigade, soutenus par le Staffordshire Yeomanry, n'est pas atteint. Il ne le sera pas avant le 19 juillet.

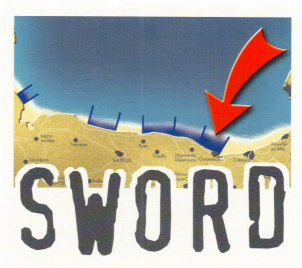

Secteurs de plage :
Peter Green, Peter White, Peter Red, Queen Green, Queen White, Queen Red, Roger Green, Roger White, Roger Red

Zone d'entretien et d'approvisionnement : Moon

Heure de débarquement : 7 h 30
Force "S" commandée par le Rear Admiral Talbot

Unités concernées :
- 3e division d'infanterie :
- 9e brigade
- 185e brigade
- 8e brigade
- 27e brigade blindée
- Special Service Brigade
- 51e division d'infanterie Highland
- 4e brigade blindée
Nombre d'hommes débarqués
au soir du 6 juin 1944 : 28 845

Secteurs Peter, Queen et Roger
- 1 South Lancashire Regiment
- 2 East Yorkshire Regiment
- 1 Suffolk
- 3, 4, 6, 41, 45 Royal Marines Commandos
- Head Quarters 1 Special Service Brigade 33,
- 76 Field Regiments RA
- 8 Brigade
- 9 Brigade, 185 Brigade
- Head Quarters 27 Armoured Brigade
- 3 Division,
- 4 Armoured Brigade
- 51 Division

J/7h35

Le 47 Royal Marines commando s'enfonce dans les terres...

Casque des "Ox and Bucks" avec une dague Fairbairn et, au premier plan, à gauche, une grenade offensive N° 69 et une grenade défensive Mills N° 36.

A droite, ce jeune "Lance corporal", l'équivalent de notre soldat de 1re classe, coiffé du béret traditionnel vert distinctif des Royal Marines, Army Commandos, appartient au N°4 Commando. L'insigne rond spécifique des opérations combinées est bien visible sur le haut de sa manche ainsi que le "title" N°4 Commando. Sur sa tenue de "Battle Dress", il a enfilé son gilet d'assaut, le "Battle Jerkin", un équipement d'essai diffusé le 6 juin 1944 à certaines unités d'assaut (voir descriptif page suivante).

Sous le gilet d'assaut qu'il n'a pas bouclé, il a conservé son équipement réglementaire "Pattern 1937", dont on aperçoit une des cartouchières. Il porte sur son ventre un poste de radio Wireless set N° 38 assurant les liaisons peloton-compagnie dans un rayon de 1 km. Il tient en main un vélo pliant "Airborne Folding Bicycle", sur lequel il a accroché son pistolet-mitrailleur Sten Mk II camouflé. D'importantes quantités de bicyclettes pliantes ou non avaient été distribuées pour accélérer la progression des troupes sur la ville de Caen...

SAS, les parachutistes de l'ombre

Ils ont été les premiers à sauter sur le sol français pour préparer le Débarquement. Représentant plusieurs nations, dont une grande majorité de Français, ils ont été parachutés dans les semaines qui ont précédé le 6 juin 1944 afin d'apporter un soutien technique aux maquis. Combattants aguerris, les SAS, "Special Air Service", sont équipés et armés par les Britanniques. Ils se battront dans tout l'ouest de la France aux côtés des résistants dans des combats de harcèlement, qui vont singulièrement retarder la montée des renforts allemands vers la Normandie. Les combats du maquis breton de Saint-Marcel à côté de Malestroit sont restés le symbole de ces combattants où figurent les premiers tués du Débarquement.

LE COMMANDO BRITANNIQUE

DES FRANÇAIS AU N°4 : LE COMMANDO KIEFFER

Ils sont 177 Français, tous fusiliers marins commandos et répartis au sein des "troops" N° 1 et N° 8 du 4ᵉ commando britannique. Placés sous les ordres du capitaine de corvette Philippe Kieffer, leur objectif consiste à s'emparer du port de Riva-Bella et d'assurer la jonction avec les éléments de la 6ᵗʰ Airborne parachutés durant la nuit. Les hommes débarquent à 7h31 sur Sword Beach. Les combats dans Riva-Bella, qui vont durer toute la matinée, ponctués par la prise du point fortifié du casino par les commandos français, vont faire 41 victimes dans les rangs du 1ᵉʳ BFMC.

SOLDAT DU "REGINA RIFLE" COMPAGNIE C

Il porte le gilet d'assaut "Battle Jerkin" remis aux fantassins devant débarquer avec les premières vagues. A remarquer le double filet au casque, la bouée de sauvetage ceinte autour de la taille et le masque à gaz porté dans son étui de toile verte sur la poitrine. Les poches du gilet, fermées par un système de cordelette avec une navette en bois, servaient au transport des munitions. Le vélo est du type pliant "Airborne Folding Bicycle", conçu initialement pour les troupes aéroportées mais remis aux unités de la deuxième vague pour gagner Caen le plus rapidement possible. Il est armé du fusil de dotation "N°4 Mark 1 rifle".

Ce casque porte l'emblème des Cameron Highlanders of Ottawa", une unité écossaise-canadienne dépendant de la 3rd Infantry Division. Le pistolet-mitrailleur Sten Mk II, à crosse squelette a été trouvé sur l'aérodrome de Carpiquet. Au premier plan, l'insigne de tissu reprend en fond le tartan traditionnel figurant sur le casque.

J/7h55

La 3rd Canadian Infantry Division arrive sur Juno Beach

Le secteur confié à la 7th brigade et à la 8th brigade de la 3rd Canadian Infantry Division est situé entre les plages Sword et Gold défendues par les régiments allemands 736 et 726. Le débarquement débute avec 10 minutes de retard par rapport à l'heure prévue et la marée, qui recouvre une partie des obstacles, va causer de nombreuses pertes dans les péniches qui tentent d'aborder. Les troupes canadiennes, après un court combat sur la plage, remontent rapidement vers l'intérieur des terres où elles ne rencontrent aucune résistance. Les Canadiens comptent 1 074 hommes hors de combat pour la journée du 6 juin 1944. Les objectifs de la division ne sont pas tous atteints, en particulier l'aérodrome de Caen-Carpiquet qui va rester pendant de très longues semaines une douloureuse épine dans la progression des troupes anglo-canadiennes.

Secteurs de plage :
Love Green, Love Red, Mike Green, Mike Red, Nan Green, Nan White, Nan Red

Heure de débarquement : 7 h 30
Force "J", commandée
par le commodore Oliver

Unités concernées :
- 3e division d'infanterie :
- 7e brigade
- 9e brigade
- 8e brigade
  - 2e brigade blindée
    - 4th Special Service Brigade
    Nombre d'hommes débarqués
    au soir du 6 juin 1944 : 21 400

    Secteur Mike
    - Royal Winnipeg Rifles
      - Regina Rifles
    - 1 Canadian Scottish Regiment
- 12, 13 Canadian Field Regiments RCA
  - 7 Canadian Brigade Head Quarters
    - 2 Canadian Armoured Brigade
      - 3 Canadian Division

    Secteur Nan
    - Queens Own Rifle of Canada
      - North Shore Regiment (New Brunswick)
      - Régiment de la Chaudière
      - 48 Royal Marines Commandos
      - 14, 19 Canadian Field Regiments RCA
    - 8, 9 Canadian Brigade

1 – Poncho roulé

2 – Nécessaire individuel : pull, instruments de toilette, rations et gamelle, vêtements de rechange…

3 – Fer de l'outil individuel

4 – Manche de l'outil individuel

5 – Bouée de sauvetage

6 – Etui pour la machette

RIGUEUR PRUSSIENNE...

Si l'on rapproche deux officiers, en l'occurrence deux capitaines, qui se sont opposés sur les plages et dans les prairies de Normandie, on ne peut être que surpris par les différences notables entre leurs deux uniformes. L'officier allemand porte, sur un uniforme à la coupe très militaire, ses insignes de grade de façon bien visible alors que les Alliés ont opté pour des solutions moins visibles et des uniformes beaucoup moins rigides. Il est vrai que les Allemands ne seront pas en reste puisque

Ce "Hauptman", capitaine, est coiffé d'une casquette à passepoils blancs, distinctive de l'infanterie. Il porte sur sa vareuse un ruban de décorations comportant la Croix de fer de 2ᵉ classe, la Médaille du front de l'Est 1941, la Croix du Mérite de guerre avec glaives. Il a été aussi décoré de l'Insigne d'assaut général, de la Croix de fer de 1ʳᵉ classe et de l'Insigne des blessés. Sa veste est un modèle 40 de troupe remontée en officier, pratique souvent rencontrée par la nécessité de se fondre dans la masse. Il est équipé de jumelles de dotation 6 x 30 avec son étui en Bakélite et de porte-chargeurs de MP 40 en cuir. Il est chaussé de bottes souples d'officier.

... "OU BATTLE DRESS"

les grades se feront beaucoup plus discrets sur les tenues camouflées qu'ils portent par-dessus leur tenue réglementaire. Avec le "Battle Dress", les Alliés ont pris l'option de l'uniforme utilitaire et confortable. Par rapport à la rigueur toute prussienne des Allemands, leurs tenues sont sportives, presque décontractées. Une approche très anglo-saxonne de la guerre qui la fait voir au pire comme un "job", au mieux comme un sport.

Cette tenue de "battle-dress" était portée le 6 juin 1944 sur la plage de Juno par le Major (capitaine) Gordon Brown du "Regina Rifle Regiment" canadien. Officier des transports, il a débarqué sur la plage à 11 h du matin pour en assurer la logistique. Il récupérera sur le terrain une paire de jumelles allemandes et son étui, qu'il portera à sa ceinture tout le temps du conflit. Dans un étui de P38 récupéré, il glissera son revolver Enfield de dotation. Sa Sten le suivra dans sa Jeep. Il est chaussé de rares bottes d'assaut et arbore sur son épaule gauche une sorte de fourragère, le "lanyard", de couleur noire, spécifique du "Regina Rifle Regiment" et l'insigne rectangulaire bleu ciel de la 3rd Infantry Division surmonté du "title" rouge du régiment.

Le Major sera décoré de la DSO, la Distinguied Service Order, pour sa participation à la prise de l'abbaye d'Ardenne.

OFFICIER CHEF DE CHAR "ARMOURED CORPS"

Il est coiffé du béret modèle 1924 en laine foulée de couleur noire avec l'insigne général des unités blindées. Il est vêtu d'une combinaison une pièce en toile caoutchoutée doublée et chaussé de brodequins réglementaires en cuir noirci. L'étui pour revolver Webley Mk IV à chien non apparent est du modèle spécifique des équipages de blindés. Fixé au ceinturon modèle 1937, il est porté bas sur la cuisse, ce qui permet de dégainer l'arme en position assise. A remarquer, la dragonne du revolver nouée autour de l'épaulette droite. L'homme d'équipage est équipé de jumelles de dotation 2,5 x 50, et a conservé sur lui ses écouteurs.

Le char Sherman M4 équipe non seulement les unités blindées américaines mais aussi les "Armoured corps" britannique et canadien. Sur le modèle ci-dessus, la caisse du blindé, auparavant constituée de panneaux soudés, est moulée d'un seul bloc assurant des lignes plus fluides et une meilleure protection.

Le char Sherman accompagne les troupes d'infanterie dans leur progression au travers de la Normandie. Souvent surchargés de caisses, d'équipements, d'approvisionnements et d'objets les plus divers, ils sont la représentation quotidienne, aux yeux des populations libérées, d'une armée moderne, jeune, rapide… et riche.

LES BLINDES ALLIES

Typiquement britannique, le char Cromwell équipe les "Armoured Reconnaissance Regiments" et tous les "Armoured Regiments" de la 7th Armoured Division. Entraîné par un moteur Rolls-Royce de 600 ch, il est armé d'un canon de 75 mm, il est vrai, un peu juste face aux Tigre et Panther allemands. A partir du Cromwell, les Britanniques vont créer un char d'appui d'infanterie en créant le Centaur présenté ci-dessus. Motorisé par un moteur Liberty de 395 ch, il était armé d'un obusier de 95 mm.

TANKISTE DU 1ST HUSSARDS

Les équipages de chars canadiens portent les mêmes tenues que leurs camarades britanniques. Seule différence voulue par la tradition chez les tankistes et certains régiments de fusiliers, le ceinturon et le brêlage sont de couleur noire. Notre homme porte le blouson battle-dress modèle 1937 et des lunettes de motocycliste. Le holster à revolver abrite ici un pistolet automatique GP 35.

POUR "GOMMER" LES OBSTACLES, LES CHARS SPECIAUX

L'expérience du raid anglo-canadien sur Dieppe en 1942 avait démontré l'importance de la présence de chars spéciaux face aux défenses allemandes : champs de mines, murs antichars, obstacles de toutes sortes. Le colonel Hobarth va donc créer toute une armée de blindés, en apparence farfelus mais cependant très efficaces qui vont prendre le nom de "Hobarth's funnies", les clowns de Hobarth. Outre les trois types présentés, il existait des chars poseurs de ponts pour enjamber les fossés antichars, des chars poseurs de fascines pour combler les tranchées, des chars propulsant dans les airs des "poubelles" d'explosifs…

Le Sherman "D.D. Duplex Drive"

L'idée, à la fois simple et géniale, était de donner un volume suffisant au char pour que celui-ci puisse flotter en augmentant le rapport volume/masse. L'ingénieur Nicolas Straussler mit donc au point un système de jupes de toile montées sur des arceaux mobiles et équipées de 36 chambres gonflables. Le déplacement du blindé était assuré par deux petites hélices entraînées par le moteur du char. Les jupes, qui remontaient bien au-dessus de la tourelle, étaient abaissées au moment de toucher terre.

Le Sherman "Crab"

Monté sur un Sherman M4A4, le dispositif " Flail " consistait en un tambour rotatif, sur lequel étaient montées des chaînes de forte section quelquefois terminées par une boule d'acier. Entraîné par le moteur du char, le tambour tournait à grande vitesse, les chaînes fouettant le sol pour faire exploser les mines enterrées. Le terrain ainsi déminé était balisé par deux traces de craie blanche semée par le char durant sa progression.

Le Churchill "Crocodile"

Version lance-flammes du Churchill VII, l'engin était équipé d'une tourelle recevant le dispositif de projection du liquide inflammable par de l'azote sous pression. Le liquide était contenu dans une remorque blindée spéciale de 1 800 l, accrochée au char.

SHERMAN M4 A1

Longueur : 6,19 m / Largeur : 2,71 m
Hauteur : 2,79 m / Poids : 30 t
Vitesse maxi : 39 km/h
Autonomie route : 240 km
Autonomie tous terrains : 160 km
Blindage avant : 76 mm
Moteur : Continental ou Wright
Type : R 975 9 cylindres en étoile
Cylindrée : 15,80 l
Puissance : 390 ch à 2 400 t/min
1 canon M3 de 75 mm
1 mitrailleuse calibre 30''
1 mitrailleuse calibre 50''
Equipage : 5 hommes
Exemplaires produits :
49 230

DESTROYER M 10

Longueur : 5,97 m / Largeur : 3,05 m
Hauteur : 2,48 m / Poids : 27 t
Vitesse maxi : 48 km/h
Autonomie route : 320 km
Autonomie tous terrains : 210 km
Blindage avant : 51 mm
Moteur : General Motors
Type : 60-46-71 de 2 x 6 cylindres
Cylindrée : 2 x 7 l
Puissance : 375 ch à 2 100 t/min
1 canon 76 mm
1 mitrailleuse calibre 30''
1 mitrailleuse calibre 50''
Equipage : 5 hommes

Sherman "Firefly".

Le canon M3 de 75 mm du Sherman M4 manquant de punch, les Britanniques lui monteront un 17 pounder de 76,2 mm nettement plus performant par la longueur de son tube et la puissance de son projectile. Les équipages camoufleront à la peinture le long tube, les Allemands ayant très vite repéré ces "casseurs de chars".

Un char isolé est un char perdu. Sans soutien logistique, sans unité de réparation, sans véhicule de dépannage, un char peut rapidement être inopérant. Pour tracter des chars de plus de 30 t, les unités blindés américaines emploient les grands moyens avec des engins de grande puissance comme le tracteur de chars Pacific Car & Foundry M26, entraîné par un moteur Hall-Scott de 18 l de cylindrée, consommant plus de 150 l de carburant aux 100 kilomètres.

SOUS-OFFICIER DU 6ᵉ REGIMENT PARACHUTISTE

Ce "Feldwebel" (adjudant) du 6ᵉ Fallschirmjäger Regiment porte, par-dessus son uniforme, la blouse de saut que les soldats avaient surnommée "sac à os". Le seul insigne qu'il porte sur sa blouse est l'emblème national spécifique de la Luftwaffe, arme à laquelle appartiennent naturellement les unités parachutistes. Les pattes d'épaule, les "Kragenspiegeln", à fond jaune, couleur distinctive des paras, portent les trois "mouettes" du grade de feldwebel. Il est coiffé d'une casquette "einheitsmütze" de couleur gris-bleu portant, elle aussi, l'aigle en vol, emblème de l'aviation. Son casque spécifique est accroché par une sangle avec mousqueton à son ceinturon qui porte aussi la gourde, l'étui de P 08 et un porte-chargeurs de pistolet-mitrailleur MP 40 en toile. Il tient à la main des gants à crispin et est chaussé de brodequins à tige montante faisant office de bottes de saut.

DES PARACHUTISTES A PIED ?...

Les parachutistes allemands ont connu leur heure de gloire lors de l'opération de Crète, où ils vont sauter pour la dernière grande opération aéroportée de leur histoire. Les évolutions tactiques de la guerre les feront se transformer graduellement en troupes classiques dans les combats menés dans les Balkans, en Ukraine et en Italie. Les "Diables verts" du 6ᵉ régiment parachutiste du colonel von der Heydte vont se battre comme des lions pendant toute la bataille de Normandie. A l'origine, une division parachutiste est constituée de trois régiments de chasseurs parachutistes, d'un régiment d'artillerie, d'un groupe blindé et d'un groupe d'artillerie antiaérienne, d'un bataillon de pionniers et d'un groupe de transmissions.

"LES DIABLES VERTS"

Face aux parachutistes américains, les Allemands engagent immédiatement un régiment détaché de la 5e Division parachutiste, le 6e régiment du colonel von der Heydte qui contre-attaque, réussissant à barrer la route de Carentan aux troupes américaines. Un de ses bataillons réussit même à atteindre Turqueville, près de Sainte-Mère-Eglise. Le 6e régiment sera rejoint dès le 8 juin par des éléments de la 3e Division parachutiste en provenance de Brest et qui stationne à Saint-Lô. Après des semaines de furieux combats, ce sont les hommes de cette division qui se retrouveront pris au piège dans la poche de Falaise, le 19 août.

Casque parachutiste, sac à masque à gaz spécifique des troupes aéroportées, couteau à lame escamotable et démontable, brevet de parachutiste. La plaque d'identité est marquée : 2e régiment 6e compagnie.

Les premiers casques de parachutistes étaient de simples casques standards de la Wehrmacht découpés.

La blouse camouflée est celle du type en dotation dans les troupes de la Luftwaffe devant combattre au sol. Le casque porte la couleur distinctive bleue de la Luftwaffe et l'aigle spécifique. L'homme a reçu un porte-chargeurs de MP 40 en toile et une bande-cartouchière supplémentaire, elle aussi en toile, pour fusil Mauser 98K.

Les parachutistes utilisent des conteneurs parachutés qui, une fois au sol se transforment instantanément en remorques pour le transport des armes et des munitions. Ce conteneur a été retrouvé à Houesville dans la Manche.

UNE REPUTATION ACQUISE EN CRETE

Le 25 avril 1941, Hitler décide l'invasion de la Crète où se sont rassemblés plus de 45 000 soldats britanniques et grecs. Les généraux von Richtofen de la Luftwaffe et Student des troupes aéroportées, qui sont chargés de l'opération, divisent leurs forces en trois groupes qui vont agir à différents endroits de l'île. Le 21 mai, les avions Ju-52 larguent les paras qui vont connaître des moments tragiques avant de réussir leur progression et de menacer directement les troupes britanniques et néo-zélandaises. La prise de l'aérodrome sera déterminante avec l'acheminement de matériels lourds. Une semaine plus tard, devant la poussée allemande, les troupes alliées, qui le peuvent, évacuent l'île. La victoire est totale pour les "Diables verts" du général Student.

Collections du musée Remember de Dinan

Ensemble casque, couteau pliant de dotation et genouillères renforcées de parachutiste allemand. Au tout début, les casques de parachutiste étaient de simples casques modèle 1935 découpés. Ce n'est qu'en 1938 que sera étudié et fabriqué le casque spécifique, primitivement peint en gris-bleu avant de devenir gris-vert dans les dernières versions. Les décalcomanies sont identiques à celles adoptées sur le casque de modèle général de la Luftwaffe.

SERGENT PILOTE "ROYAL CANADIAN AIR FORCE"

Le pilote porte la boussole à gauche et la carte à droite, comme toujours aujourd'hui. Son équipement indique que nous nous trouvons dans la période entre le 6 et le 27 juin 1944. En effet, il porte encore la "Mae-West", gilet de sauvetage gonflable, autour du cou. A partir du 27 juin, les pilotes alliés n'auront plus besoin de traverser la Manche pour rejoindre leur aérodrome puisque les premiers terrains sont opérationnels en Normandie depuis cette date. Le pilote a noué autour de son cou un foulard de soie de facture civile, afin de se protéger des irritations provoquées par les frottements de son blouson de cuir.

LA MAITRISE DU CIEL...

La flotte aérienne de combat allié effectue le 6 juin 1944, 10 536 sorties, dont 5 809 de bombardement, larguant sur les fortifications et mouvements de troupes allemands 10 395 t de bombes. Elle aligne pour l'opération 1 750 avions de transport dont 900 planeurs.

Si le pilote venait à être abattu, il emportait avec lui certains accessoires destinés à l'aider dans sa fuite : une carte de France imprimée sur soie qu'il portait autour du cou et qui le renseignait sur les routes, les voies de chemin de fer, les points de passage..., une petite lime pour scier des barreaux, une boussole grande comme une pièce de 1 centime...

HAWKER TYPHOON 1-B

Envergure : 14,10 m
Longueur : 9,80 m
Poids en charge : 7 t
Moteur : Napier-Sabre
Type : II B de 24 cylindres en H
Puissance : 2 200 ch à 2 700 t/min
Vitesse : 700 km/h
Plafond : 12 000 m
Rayon d'action : 1 000 km
Armement : 4 canons Hispano de 20 mm
8 roquettes de 3 pouces / 30 kg
ou 2 bombes de 250 kg

SPITFIRE MARK IX

Envergure : 11,20 m
Longueur : 9,60 m
Poids en charge : 3,4 t
Moteur : Merlin
Type : 61/63/66(LF)/70(HF)
Puissance : 1 660 ch
Vitesse : 656 km/h
Plafond : 13 000 m
Rayon d'action : 700 km
Armement : 2 canons de 20 mm,
2 mitrailleuses calibre 50,
2 bombes de 250 kg ou 1 de 600 kg

LIEUTENANT PILOTE DE LA LUFTWAFFE

Les pattes de col au fond jaune d'or indiquent un personnel volant et le grade un "Leutnant". Il est coiffé de la "Schirmütze", casquette d'officier avec l'aigle spécifique de la Luftwaffe. Sur le côté gauche de sa vareuse, il porte l'insigne de poitrine des pilotes à côté de l'insigne des parachutistes. Il porte à la main son serre-tête avec les lunettes de protection spéciales. Il est chaussé de bottes de vol en cuir noir serrées par des boucles. Vêtu ici de sa vareuse d'aviateur M1935, serrée par la ceinture en cuir brun-rouge spécifique de l'arme, il porte en vol un blouson de cuir noir ou fauve, ou une combinaison de vol en tissu de couleur beige.

Casquette modèle 43.

UNE LUTTE INEGALE...

Face à ce déferlement de plusieurs milliers d'appareils, la Luftwaffe n'a que peu d'avions à opposer. En tout et pour tout, la Luftwaffe n'a pu effectuer que 319 sorties, une goutte d'eau !... Il est vrai qu'elle ne dispose que d'une centaine de chasseurs disponibles et 55 appareils en réserve. Les Alliés ont vraiment l'absolue maîtrise du ciel normand.

Vareuse d'un "Unterfeldwebel", l'équivalent d'un sergent ou d'un maréchal-des-logis. Celui-ci appartient au personnel volant et porte sur sa manche le chevron de 1re classe.

Durant l'été, les personnels de la Luftwaffe portent des coiffures à coiffe blanche : ici la dague, les casquettes, l'aigle de poitrine et les pattes d'épaule d'un "Oberleutnant".

ARTILLEUR D'UN REGIMENT DE FLAK

L'homme, armé d'un mauser 98 K, porte une grenade offensive accrochée à son ceinturon équipé de 2 cartouchières à 6 compartiments pour les lames-chargeurs du 98 K. Il est vêtu d'une blouse camouflée. Le casque porte sur le côté gauche l'aigle spécifique de la Luftwaffe, auquel il appartient. Comme insigne de grade, l'homme porte sur son col des "mouettes" blanches sur des plateaux de couleur rouge indiquant un artilleur de la Flak, l'artillerie antiaérienne.

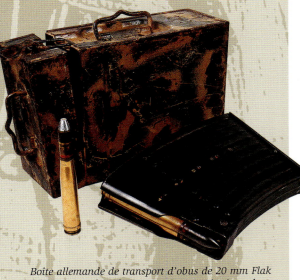

Boîte allemande de transport d'obus de 20 mm Flak
Le chargeur en demi-lune pouvait contenir vingt obus.
On alternait une série de cinq obus perforants et
explosifs avec un modèle traçant pour visualiser le tir
et ainsi permettre de le corriger. Le chargeur est ici
alimenté en obus perforants, à gauche obus traçant.

HAUPTMAN DE LA FLAK
"FLUGZEUG ABWEHR KANONE"

Sous sa petite tenue de service en drap gris-bleu, ce capitaine de l'artillerie antiaérienne porte une chemise militaire française de récupération. Son ceinturon et son étui pour pistolet automatique Walther P38 sont en cuir brun-rouge, spécificité propre aux officiers de la Luftwaffe. Il porte autour du cou un étui de jumelles de dotation et un petit porte-cartes en cuir brun-rouge au côté. La couleur rouge des plateaux portant les grades indique une unité d'artillerie ou de DCA.

LA FLAK

La Flak, la DCA allemande, subit de plein fouet l'assaut des troupes alliées. Le Flakkorps III du général Pickert subit de très lourdes pertes dans des combats désespérés qui le fait reculer jusqu'à la Seine. La division abattra cependant 26 avions ennemis et accrochera à son tableau de chasse plus d'une centaine de chars, "allumés" par le fantastique canon de 88 mm, le 8,8 cm, Flak 18 et 41. La Flak disposait aussi de canons de 37 mm et de 20 mm dont les fameux "Vierlingsflak 2 cm", dont les quatre tubes pouvaient cracher de 800 à 1 800 obus à la minute !

LE CASQUE AMERICAIN

Certaines unités portent des signes de reconnaissance spécifiques permettant d'identifier précisément l'unité. Ici, un casque appartenant au 327th Glider Infantry Regiment de la 101st Airborne.

Le 9 juin 1941, les Etats-Unis décident de remplacer leur casque M-1917 A1, copie presque conforme du "plat à barbe" britannique, pour adopter un casque révolutionnaire, le "M1 Steel Helmet ".

Sa grande originalité réside dans sa conception de casque double : un sous-casque léger en fibre vulcanisée appelé "liner" qui porte la coiffe intérieure et un casque lourd en acier-carbone–manganèse qui porte la jugulaire principale et qui vient coiffer le "liner". Les deux parties sont complètement interchangeables et le "liner" adaptable à tous les tours de tête. Le casque est peint uniformément en teinte olive Drab.

L'originalité du casque qui équipe l'armée des Etats-Unis est sa double coque. Le casque d'acier nu recouvre un casque en fibre plus léger qui porte l'ensemble des bandes réglables et des jugulaires assurant le maintien du casque.

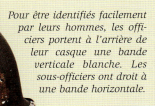

Pour être identifiés facilement par leurs hommes, les officiers portent à l'arrière de leur casque une bande verticale blanche. Les sous-officiers ont droit à une bande horizontale.

Les officiers portent l'insigne de leur grade sur l'avant du casque. Il est parfois peint, parfois réalisé avec un insigne de patte d'épaule soudé, comme ici avec ce casque de lieutenant-colonel de la 90th Infantry Division "Tough Ombres".

LE CASQUE ANGLO-CANADIEN

Il en existe deux types qui se sont succédé pendant tout le conflit. Le Mark II reprenait sensiblement les lignes du casque porté par les Britanniques pendant la Première Guerre mondiale. Signe des temps, la jugulaire en toile à ressorts ou en tissu élastique a progressivement remplacé le modèle en cuir. La coiffe est restée identique. Le casque Mark III a une forme nettement plus évoluée avec une bombe plus profonde, ce qui le fait surnommer " Tortue " par les soldats. La coiffe, la jugulaire et leurs modes de fixation sont identiques au Mark II.

Le casque Mark III adopte une forme nettement plus moderne qui abandonne le profil si particulier du "plat à barbe" britannique.

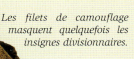

Les filets de camouflage masquent quelquefois les insignes divisionnaires.

Posé sur une nourrice à eau servant au refroidissement de la mitrailleuse Vickers 303, ce casque des "Canadian Scottish" porte, par tradition, l'ancien insigne datant de 1914. Présentés au premier plan, à gauche, l'ancien insigne et, à droite, le modèle 1944.

LE CASQUE ALLEMAND

Casque M1935. L'aigle de couleur or en blason, placé en décalcomanie sur le côté gauche du casque, est l'insigne spécifique de la Kriegsmarine.

Ce casque de la Waffen-SS est du modèle 1942, reconnaissable au fait que les bords ne sont plus retournés. On y gagne du temps et de la matière. Par les temps qui courent…

Le casque modèle 35 est une évolution du "Stahlhelm" de 1915. Sa forme très particulière et très protectrice a été affinée même si son poids de 1 300 g reste sensiblement le même. Il est embouti d'une seule pièce dans une plaque d'acier au chrome-nickel et, à l'origine, peint en gris mat. Les conditions feront que la couleur sera vite recouverte de teintes souvent spécifiques de l'arme (gris-bleu pour la Luftwaffe, par exemple) et de camouflages bariolés comme en Normandie. La coiffe est constituée d'un panneau de cuir à plusieurs volets réglables par un lacet et montée sur une armature de cuir.

Pour améliorer son camouflage en fixant des branchages de feuilles sur le casque, il existe des systèmes de sangles de toile, de cuir ou de caoutchouc, qui s'agrafent sur les bords du casque.

LES CASQUES DE PARACHUTISTES

Etats-Unis

Le casque M1C est directement issu du casque standard. La coque reste la même et le principe du sous-casque "liner" en fibre vulcanisée est maintenu. Seules les jugulaires spéciales en forme de V et la présence de la mentonnière en cuir embouti doublée de peau de chamois permettent d'identifier un casque M1C. La coiffe intérieure du "liner" est composée d'une armature de toile et d'un bandeau de cuir réglable.

Ce casque, trouvé dans la Manche, est celui du capitaine Van Gorder, l'un des trois chirurgiens du 326th Medical Company de la 101st Airborne division. Le médecin perdra son casque au château de la Colombière là où est établi le premier hôpital de campagne de la division. La croix blanche, visible sur le côté est l'emblème de la compagnie. Le garnissage de l'intérieur du "liner" est identique à celui du casque standard mais avec les modifications spécifiques : rajout de sangles et de rivets.

Ce casque aux couleurs des "Ox and Bucks", et marqué à l'intérieur "Private G. Ryder", a été retrouvé à Ranville.

Canada-Grande-Bretagne

Le "Airborne troop steel Helmet" équipait l'ensemble des unités aéroportées ou transportées par planeur. La jugulaire, de cuir pour les premiers modèles ou de toile web par la suite, se réglait et se serrait à l'aide de boucles. La coiffe, fixée à la bombe par un écrou, était identique à celle des casques d'infanterie et utilisait dans sa partie supérieure un tampon de mousse comme amortisseur.

Allemagne

Casque d'acier modèle 1938 de parachutiste. Le casque porte, fixée sur un cercle d'armature en aluminium, une coiffe de cuir fauve percée de douze trous d'aération. L'amortissement est assuré par des tampons de mousse. La double jugulaire de cuir, fixée à la bombe par quatre rivets, est réglable par deux boutons-pression. Les premiers casques de parachutistes avaient été simplement découpés dans des casques d'acier standard, modèle 35.

LES ARMES INDIVIDUELLES ALLEMANDES

Côté allemand, deux armes de poing se taillent la part du lion. On trouve en grande quantité le pistolet semi-automatique Luger P 08 Parabellum, une arme qui a fait ses preuves durant le conflit mondial et qui bénéficie toujours d'une réputation sans égale. Plus moderne de conception et plus fiable, le pistolet P38 développé par Walther gagne cependant du terrain.

LUGER PARABELLUM P 08

Longueur : 222 mm
Poids : 0,850 kg
Canon : 102 mm
Calibre : 9 mm
Rayures : 6 à droite
Capacité : 8
Vitesse initiale : 351 m/s
Visée : fixe

PISTOLET WALTHER P 38

Longueur : 215 mm
Poids : 0,960 kg
Canon : 127 mm
Calibre : 9 mm
Rayures : 6 à droite
Capacité : 8
Vitesse initiale : 351 m/s
Visée : fixe

Les grenades

Les troupes allemandes utilisent deux types de grenades. Le type offensif est représenté par la grenade "œuf" et le type défensif par la grenade à manche, surnommée par les combattants le "presse-purée". Chacune était déclenchée par un allumeur à friction, dont il suffisait de tirer le cordon terminé par une boule de céramique.

LES ARMES INDIVIDUELLES ALLIEES

Quelle que soit sa nationalité, le plus fidèle compagnon du soldat est incontestablement son fusil. Choisi par l'intendance américaine dès 1936, le Garand M1 est le seul fusil semi-automatique en dotation régulière à l'époque. Très robuste, fonctionnant par emprunt des gaz, il est alimenté par un clip-chargeur éjectable en tôle de 8 cartouches de calibre 30. (7,62 mm). Chaque groupe de combat américain de 12 hommes était armé de 10 Garand, où sa puissance de feu et son automatisme lui donnaient un avantage indéniable au combat. Le général Patton disait de lui qu'il était "le meilleur outil de guerre jamais fabriqué". Les Britanniques et les Canadiens avaient adopté en 1942 le fusil d'infanterie N°4 Mk1 de calibre 303. (7,7 mm). L'arme est à verrou commandé manuellement, comme son rival allemand le Mauser 98K, et alimentée par 2 lames chargeurs de 5 cartouches glissées dans le magasin placé sous la culasse. La carabine M1 était un heureux compromis entre le fusil Garand et le pistolet Colt 45. Courte, légère, semi-automatique, primitivement destinée à l'encadrement, elle allait vite trouver une clientèle de choix parmi les personnels qui ne sont pas dotés du Garand : auxiliaires, servants d'armes collectives, équipiers d'engins…

FUSIL GARAND 30'' M1

Longueur : 1 130 mm / Poids : 4,37 kg
Canon : 610 mm / Calibre : 30'' - 7,62 mm
Rayures : 4 à droite
Fonctionnement : emprunt des gaz
Alimentation : magasin (clip) de 8 cartouches
Vitesse initiale : 853 m/s
Hausse : 1 097 m

FUSIL N° 4 MK 1

Longueur : 1 130 mm / Poids : 4,12 kg
Canon : 640 mm / Calibre : 303 - 7,69 mm
Rayures : 5 à gauche
Fonctionnement : à répétition
Alimentation : magasin de 10
Vitesse initiale : 743 m/s
Hausse : 1 189 m

CARABINE 30'' M1

Longueur : 905 mm / Poids : 2,48 kg
Canon : 458 mm / Calibre : 30'' - 7,62 mm
Rayures : 4 à droite
Fonctionnement : emprunt des gaz
Alimentation : chargeur de 15/30 coups
Vitesse initiale : 585 m/s
Hausse : fixe de 275 m

LES ARMES INDIVIDUELLES ALLEMANDES

L'ensemble des soldats allemands était équipé du fusil mauser 98K. Une arme sûre, fiable, constamment améliorée et au fonctionnement sans problème. Seul inconvénient, la répétition nécessitait – comme quasiment toutes les armes de l'époque – un réarmement du verrou à la main. C'est pour cette raison que le Reich décida de lancer un programme de dotation de ses armées en fusils automatiques ou semi-automatiques. Armes souvent fragiles et rares, elles étaient destinées en priorité aux troupes d'élite comme les parachutistes.

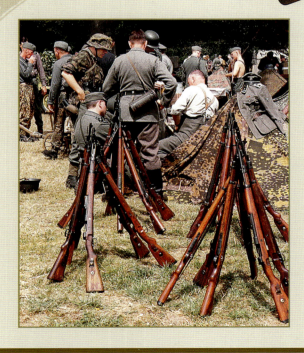

FUSIL MAUSER 98

Longueur : 1 250 mm / Poids : 4,10 kg
Canon : 740 mm / Calibre : 7,92 mm
Rayures : 4 à droite
Fonctionnement : à répétition
Alimentation : magasin de 5 cartouches
Vitesse initiale : 870 m/s
Hausse : 2 000 m

FUSIL WALTHER 41

Longueur : 1 130 mm / Poids : 4,98 kg
Canon : 546 mm / Calibre : 7,92 mm
Rayures : 4 à droite
Fonctionnement : par emprunt des gaz
Alimentation : chargeur de 10 coups
Vitesse initiale : 776 m/s
Hausse : 1 200 m

FUSIL FG 42

Longueur : 940 mm / Poids : 4,5 kg
Canon : 508 mm / Calibre : 7,92 mm
Rayures : 4 à droite
Fonctionnement : par emprunt des gaz
Alimentation : chargeur de 20 coups
Vitesse initiale : 762 m/s
Hausse : 1 200 m

LES ARMES INDIVIDUELLES ALLIEES

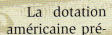

PISTOLET COLT MODEL 1911 A1

Longueur : 216 mm
Poids : 1,1 kg
Canon : 127 mm
Calibre : 45'' / 11,43 mm
Rayures : 6 à gauche
Alimentation : chargeur de 7 cartouches
Vitesse initiale : 262 m/s
Hausse : fixe

REVOLVER ENFIELD N°2 MARK 1

Longueur : 260 mm
Poids : 0, 76 kg
Canon : 127 mm
Calibre : 38'' / 9,70 mm
Rayures : 7 à droite
Capacité : 6
Vitesse initiale : 198 m/s
Hausse : fixe

Les grenades

La grenade défensive Mills N°36 équipait l'ensemble des unités britanniques et canadiennes. Beaucoup d'exemplaires en furent parachutés à la Résistance.
Il existait une Mills N°69 de type offensif. Les GI lui préféraient la grenade défensive quadrillée US Mk 2.

La dotation américaine prévoyait, comme arme de poing, soit le revolver Smith & Wesson en calibre 38 (9 mm), soit le pistolet automatique Colt Model 1911 A1 en calibre 45 (11,43 mm). Bien que créée en 1911, cette arme allait connaître une longévité exceptionnelle. Utilisant la même munition que le pistolet-mitrailleur Thompson, le Colt 45 allait se révéler comme l'arme la plus fiable de sa catégorie. Considéré par ceux qui la portaient comme une arme de prestige, il était souvent porté dans un étui de cuir fauve, lacé à la cuisse par un cordon. Côté britannique, c'est le revolver Enfield N°2 Mk 1 de calibre 38 (9,70 mm) qui l'emporte.

Le pistolet-mitrailleur britannique Sten est vraiment ce que l'on peut appeler une arme de l'ère industrielle. Formée en grande partie de pièces embouties et soudées, elle était rapide à produire en très grandes quantités par des outillages simples et du personnel peu qualifié. Elle sera livrée en grandes quantités aux unités britanniques et canadiennes et sera l'arme de prédilection des commandos et des mouvements de résistance. Bien que de conception relativement ancienne, le PM Thompson M1A1 était une arme fiable dotée d'une puissance d'arrêt sans égale et d'une fiabilité à toute épreuve. Son remplacement progressif au cours du conflit par le modèle M3, entièrement métallique, ne fut que modérément apprécié.

L'arme, bien que beaucoup plus légère et maniable mais peu esthétique, avait été surnommée "Grease Pump", pompe à graisse, par ses utilisateurs.

MITRAILLETTE STEN MARK III

Longueur : 762 mm / Poids : 3 kg
Canon : 197 mm / Calibre : 9 mm
Rayures : 6,2 à droite
Alimentation : chargeur de 32 cartouches
Cadence de tir : 550 coups/min
Vitesse initiale : 365 m/s
Hausse : fixe

PISTOLET-MITRAILLEUR M3

Longueur : 757 mm / Poids : 3,70 kg
Canon : 203 mm / Calibre : 45'' / 11,43 mm
Rayures : 4 à droite
Alimentation : chargeur de 30 cartouches
Cadence de tir : 400 coups/min
Vitesse initiale : 280 m/s
Hausse : fixe

PISTOLET-MITRAILLEUR THOMPSON M1 A1

Longueur : 813 mm / Poids : 4,74 kg
Canon : 267 mm / Calibre : 11,43 mm
Rayures : 6 à droite
Alimentation : chargeur de 20/30 cartouches
Cadence de tir : 700 coups/min
Vitesse initiale : 281 m/s
Hausse : 100 m

Le pistolet-mitrailleur MP 40 créé par Hugo Schmeisser était une arme très recherchée tant du côté de ses légitimes propriétaires que des soldats alliés, qui s'en emparaient dès qu'ils le pouvaient.

Le fusil d'assaut "Sturmgewehr" MP 44 était d'une conception toute nouvelle pour l'époque puisqu'il était censé associer la précision d'un fusil à la puissance de feu d'un pistolet-mitrailleur. Ce concept hybride devait donner naissance à une arme aux qualités exceptionnelles pour l'époque.

Ce motocycliste de la Luftwaffe, identifiable à l'aigle particulier de son casque et de sa boucle de ceinturon, est armé d'un MP 40 qu'il porte en sautoir. L'alimentation de l'arme est assurée par des chargeurs de 32 coups portés dans les cartouchières spéciales.

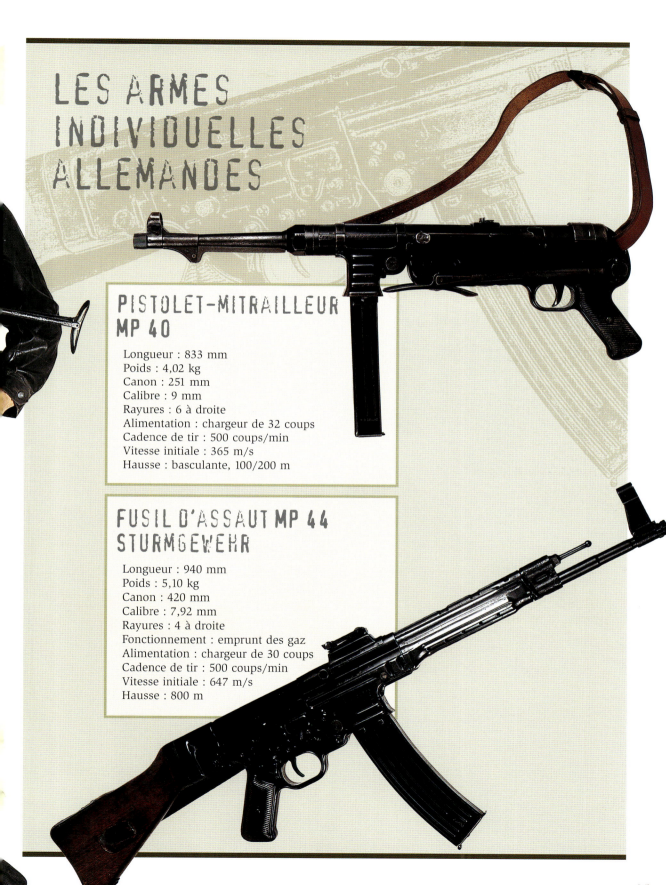

LES ARMES INDIVIDUELLES ALLEMANDES

PISTOLET-MITRAILLEUR MP 40

Longueur : 833 mm
Poids : 4,02 kg
Canon : 251 mm
Calibre : 9 mm
Rayures : 6 à droite
Alimentation : chargeur de 32 coups
Cadence de tir : 500 coups/min
Vitesse initiale : 365 m/s
Hausse : basculante, 100/200 m

FUSIL D'ASSAUT MP 44 STURMGEWEHR

Longueur : 940 mm
Poids : 5,10 kg
Canon : 420 mm
Calibre : 7,92 mm
Rayures : 4 à droite
Fonctionnement : emprunt des gaz
Alimentation : chargeur de 30 coups
Cadence de tir : 500 coups/min
Vitesse initiale : 647 m/s
Hausse : 800 m

LES ARMES COLLECTIVES ALLIEES

Comme armes collectives, les Alliés utilisent aussi la version américaine du Bren, le fusil-mitrailleur FM BAR "Browning Automatic Rifle" en calibre 30 (7,62 mm) et les mitrailleuses Browning en calibre 30 (7,62 mm) et 50 (12,7 mm).

VICKERS 303"

Longueur : 1 092 mm
Poids (arme) : 15 kg
Poids (trépied) : 22,7 kg
Canon : 722 mm
Calibre : 7,69 mm
Rayures : 4 à droite

Fonctionnement : recul
Alimentation : bandes de toile
Refroidissement : eau
Cadence de tir : 500 coups/min
Vitesse initiale : 744 m/s
Hausse : 3 475 m

BOX. BELT. VICKERS -303" M.G. No 10

FUSIL-MITRAILLEUR BREN

Longueur : 1 156 mm
Poids : 10,2 kg
Canon : 635 mm
Calibre : 303 / 7,69 mm
Rayures : 6 à droite

Fonctionnement : emprunt des gaz
Alimentation : chargeur de 30 coups
Refroidissement : air
Cadence de tir : 500 coups/min
Vitesse initiale : 744 m/s
Hausse : 1 830 m

PIAT "PROJECTOR INFANTRY ANTI TANK"

Longueur : 990 mm
Poids : 15,60 kg
Portée maximum : 105 m
Poids du projectile : 1,10 kg
Vitesse initiale : 137 m/s

Comme arme anti-char, le lance-fusée bazooka qui propulse une fusée à charge creuse est préféré au PIAT britannique très puissant mais très désagréable d'emploi.

LES ARMES COLLECTIVES ALLEMANDES

La Grande Guerre de 1914-1918 avait démontré l'importance stratégique de la mitrailleuse dans son rôle de saturation du champ de bataille. Mais les armes étaient lourdes, au mécanisme fragile ou trop complexe, souvent sensibles à l'enrayage et à l'échauffement, et n'étaient transportables à dos d'homme qu'en plusieurs éléments. Les militaires du monde entier rêvent d'une arme légère, à la cadence de tir élevée, pouvant tirer plusieurs heures sans incident de tir ni échauffement. Ce sera chose faite avec la mitrailleuse MG 42, version améliorée et fiabilisée du modèle MG 34. En version allégée avec bipied, l'arme peut être transportée par un seul homme qui peut l'utiliser alors comme un fusil-mitrailleur. Son fonctionnement est particulièrement fiable malgré une cadence de tir tout simplement inimaginable de 1 200 coups à la minute. Le problème de l'échauffement du canon, qui passe rapidement au rouge cerise dans ces conditions de tir continu, est résolu par son changement quasi immédiat. L'opération ne prend que quelques secondes et ne nécessite aucun outil particulier si ce n'est un gant d'amiante pour se protéger des brûlures. La MG 42 montrait un tel progrès pour son époque, tant au niveau de la conception que de ses performances, qu'elle est toujours en activité dans de très nombreuses armées du monde.

La cadence théorique de tir de 1 200 coups à la minute de la MG 42 imposait une quantité de munitions importante, disponibles en caissettes métalliques de 250 coups.

MG 42

Longueur : 1 220 mm
Poids (arme) : 11,60 kg
Poids (trépied) : 19,20 kg
Canon : 533 mm
Calibre : 7,92 mm
Rayures : 4 à droite
Fonctionnement : recul ou emprunt des gaz
Alimentation : bandes métalliques
Refroidissement : air
Cadence de tir : 1 100/1 200 coups/min
Vitesse initiale : 756 m/s
Hausse : 2 000 m

MG 34

Longueur : 1 220 mm / Poids (arme) : 12,10 kg
Poids (trépied) : 19,9 kg

Canon : 628 mm
Calibre : 7,92 mm
Rayures : 4 à droite
Fonctionnement : court recul
Alimentation : bandes métalliques ou chargeurs
à tambour doubles
Refroidissement : air
Cadence de tir : 800/900 coups/min
Vitesse initiale : 765 m/s
Hausse : 2 000 m

Le chef de pièce

Le chef de pièce est un sergent d'infanterie. A noter le panachage de son équipement avec des porte-chargeurs de MP 40 en cuir et toile. Il porte une veste modèle 43 en drap. Son équipement spécifique de chef de pièce consiste en des jumelles 6 x 30 et un porte-cartes "Meldetasche" en cuir. Pelle pliante avec étui, "Sturmgepack" et casque modèle 42 camouflé complètent l'équipement.

Le tireur

Le mitrailleur, qui a le grade d'"Obergefreiter" (caporal-chef) et le titre de 1er tireur MG, porte un ensemble de treillis vert roseau et un casque modèle 35 camouflé. Il est armé d'un pistolet P 08 et d'une grenade à manche. A noter les lunettes de protection à verres fumés et le gant en amiante, indispensable pour changer le canon brûlant de la mitrailleuse, glissé sur l'étui spécial de tireur.

LE GROUPE MG

Le groupe de mitrailleurs MG

Un groupe se compose de trois hommes. La MG 42 pouvait être servie soit sur bipied (LMG), soit sur un trépied lourd avec lunette de visée (SMG). Son système particulier de fonctionnement autorisait une cadence de tir de 1 200 coups à la minute entraînant une importante consommation de munitions et un échauffement considérable de l'arme nécessitant le changement fréquent du canon contenu dans l'étui cylindrique ci-dessous.

L'indispensable canon de rechange de la MG était transporté par le pourvoyeur dans un étui métallique.

Le pourvoyeur

Sa mission est d'assurer le bon approvisionnement de la MG. Il porte des caisses de munitions ainsi qu'un canon de rechange logé dans un étui métallique. Le jeune pourvoyeur est vêtu d'une veste en treillis vert roseau avec des pattes d'épaule modèle 36 remontées. Il est chaussé de brodequins avec des guêtrons de toile et porte un casque modèle 42 camouflé.

"UNTERSCHARFÜHRER" DE LA WAFFEN SS, TIREUR MG

Il tient en main la "Machinengewehr 42" en version mitrailleuse légère montée sur bipied repliable sous le canon. Il est vêtu d'une blouse "Tarnjacke" camouflée qu'il porte sur sa tenue couleur "Feldgrau". Les revers de son col portent, à droite, les runes SS et, à gauche, l'insigne de grade, ici celui de "Unterscharführer", l'équivalent d'un sergent.

A son ceinturon, il a accroché la trousse d'entretien de son arme. Elle est, ici, d'un modèle tardif ersatz, réalisé en carton bouilli. Il est chaussé de brodequins à semelle ferrée qu'il porte avec des guêtrons de toile. Son casque a reçu le couvre-casque en toile camouflée fixé à celui-ci par des agrafes métalliques.

Ce chargeur compact équipait les mitrailleuses MG 15 montées à bord des avions ou des véhicules blindés. Un système particulier de chaîne de transport des munitions passait d'un boîtier à l'autre, grâce à un ressort que l'on remontait avec une clé.

Cette caisse d'entretien commune aux modèles MG 35 et MG 42 a exactement le même encombrement que les caisses de munitions standard. Elle abrite deux bidons métalliques contenant de l'huile et du pétrole pour le nettoyage de l'arme. Il existait aussi une caisse atelier, contenant des outils et une caisse de chargement de bandes avec une machine spéciale pour regarnir de cartouches les bandes métalliques.

Exactement de la même forme que les caisses de munitions standard, cette caisse-bidon contenait l'eau de refroidissement pour l'antique mitrailleuse MG 08-15. Elle était reliée au manchon refroidisseur par un tuyau flexible monté sur le robinet visible à gauche. Intéressant par son camouflage, ce type de matériel, un peu dépassé, était très utilisé par les troupes d'occupation sur le mur de l'Atlantique.

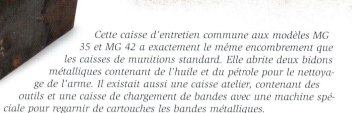

La trousse du tireur, ici de MG 34, contient tout le nécessaire pour démonter, nettoyer et entretenir l'arme : un huilier, des clés spéciales de démontage, un extracteur de douille en cas d'enrayage, une culasse de rechange, une bande d'amorçage ainsi qu'une grille de visée adaptable pour le combat antiaérien.

La remorque d'infanterie type IF 8 pouvait emporter jusqu'à 350 kilos d'équipements divers : armement, munitions, vivres ... Montée sur pneus, elle pouvait être tractée par un véhicule, des chevaux ou, tout simplement, tirée à la main. Posé sur le dessus, un Panzerschreck 54 attend son tireur.

AU FOND DES CHEMINS CREUX, UNE GUERRE D'EMBUSCADE...

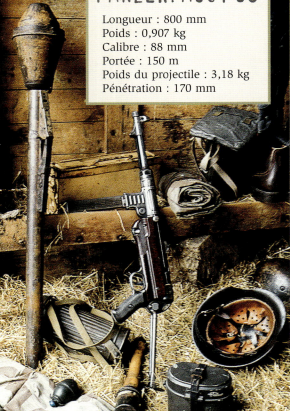

PANZERFAUST 60

Longueur : 800 mm
Poids : 0,907 kg
Calibre : 88 mm
Portée : 150 m
Poids du projectile : 3,18 kg
Pénétration : 170 mm

PANZERSCHRECK 54

Longueur : 1 638 mm
Poids : 9,300 kg
Calibre : 88 mm
Portée : 150 m
Poids du projectile : 3,30 kg
Pénétration : 100 mm

SS-PANZER GRENADIER, PORTEUR DE LANCE-FLAMMES

Il est vêtu d'une veste de treillis à camouflage petits pois avec sur la manche gauche, l'aigle distinctif de la Waffen SS. Son casque est du type 42 à bords évasés. Le lance-flammes que porte notre homme est du type "Flammenwerfer 41". D'un poids de 17 kilos, l'appareil lance-flammes contient du pétrole qui est mis à feu par un jet d'hydrogène enflammé à la sortie du tube. On pouvait ainsi obtenir cinq giclées de liquide développant une chaleur de 800° centigrades.

LA BATAILLE DES HAIES

Pour les stratèges d'une armée entièrement mécanisée, le bocage normand se révèle comme un tragique contresens. Là, les chars et les véhicules montrent leur faiblesse. Ici, règnent en maîtres les petits groupes mobiles et bien camouflés, les mitrailleuses, les grenades et les "Panzerfaust". Morcelé en des dizaines de milliers de parcelles ceinturées de haies quasi impénétrables, le paysage normand, d'habitude si paisible, se mue en un champ de bataille où tous les coups sont permis et d'où la mort peut surgir de n'importe où, à tout moment. Les blindés, qui sont le fer de lance des Alliés, se trouvent bloqués à l'entrée de ces chemins encaissés qui parsèment chaque coin du bocage. Chaque champ, chaque chemin est l'objet de luttes acharnées. Les stratèges avaient prévu une libération totale de la Bretagne à J + 60. A la fin du mois de juillet, on en est encore loin et les centaines de blessés et de morts, qui ponctuent chaque avancée de quelques kilomètres, sont là pour

témoigner de l'âpreté des combats. Commencée après la prise de Cherbourg, le 26 juin 1944, l'offensive américaine visait à libérer tout le Cotentin et à libérer la Bretagne mais ce qui devait se dérouler a priori comme une vraie promenade de santé s'avère vite un piège où fantassins et équipages de chars vont vivre des jours difficiles, les pertes atteignant le chiffre monstrueux d'un homme perdu pour un mètre gagné.

POUR PASSER LES HAIES, LE "HEDGE CUTTER"

Les haies impénétrables qui bordent les chemins creux du bocage normand s'avèrent vite un obstacle difficilement franchissable pour les chars américains. Autre inconvénient, en essayant de les escalader, ils découvrent à l'adversaire leur point le plus vulnérable : leur dessous. Un simple sergent aura, alors, l'idée géniale d'équiper l'avant des chars Sherman de puissantes dents de métal qui arrachent carrément les pieds des haies. Pour la fabrication, pas de problème..., les milliers d'obstacles, appelés "hérissons tchèques", restés sur les plages, fournissent la matière première.

La date figurant sous
l'emblème est celle de
l'engagement effectif de
l'unité au combat.

LES DIVISIONS BRITANNIQUES
ET CANADIENNES EN NORMANDIE

Divisions d'infanterie britanniques

*3rd Infantry
Division
6 juin*

*15th Infantry Division
"Scottish"
14 juin*

*43rd Infantry Division
"Wessex"
24 juin*

*49th Infantry Division
"West Riding"
12 juin*

*50th Infantry Division
"Northumbrian"
6 juin*

*51st Infantry Division
"Highland"
7 juin*

*53rd Infantry Division
"Welsh"
27 juin*

*59th Infantry Division
"Staffordshire"
27 juin*

Divisions blindées britanniques

*Guards Armoured
Division
28 juin*

*7th Armoured Division
8 juin*

*11th Armoured Division
13 juin*

*79th Armoured Division
6 juin*

Divisions d'infanterie canadiennes

Unités blindées canadiennes

*2nd Canadian Infantry
Division
7 juillet*

*3rd Canadian Infantry
Division
6 juin*

*4th Canadian
Armoured Division
31 juillet*

*2nd Canadian Armoured
Brigade
6 juin*

"OBERLEUTNANT" DE LA 2ᵉ PANZERDIVISIONEN

Cet "Oberleutnant", chef de char, porte le blouson croisé de drap noir adopté en 1934 pour les équipages de chars de combat et les véhicules blindés de reconnaissance. Aucun bouton ni aucune poche apparents ne vient gêner les mouvements dans le véhicule. La couleur noire de la tenue, même si elle est particulièrement recommandée dans un engin qui sue l'huile, l'essence et la poudre, veut rappeler l'uniforme des hussards prussiens, dont la tête de mort était l'emblème et que les panzers ont repris. La casquette porte des passepoils roses, couleur spécifique des unités de chars, tout comme le pourtour des insignes de col à tête de mort et des épaulettes. L'officier tient à la main les écouteurs qui lui permettent de communiquer par radio à l'intérieur du char. Il n'a pas quitté son laryngophone qu'il porte autour du cou et qu'il peut actionner par un contacteur de poitrine juste à gauche des jumelles de grande puissance. Il est décoré de la Croix de fer et du rare insigne de combat des blindés pour 25 assauts.

SOUS-OFFICIER DES TROUPES MOTORISEES

Il est vêtu d'une gabardine en toile sans grade apparent qu'il porte avec une ceinture de la Heer en cuir brun. Il est armé d'un pistolet Walther P 38 qu'il porte dans un étui du 1er modèle et coiffé d'une casquette de campagne ancien modèle normalement interdite mais tellement populaire que beaucoup de sous-officiers, et même d'officiers, la conserveront jusqu'à la fin du conflit. Descendu de son engin, notre homme, qui a noué autour de son cou un foulard normand peu réglementaire a gardé sur lui ses écouteurs qu'il peut porter sous sa casquette, grâce à leur montage particulier sur une bande de toile.

LES CHARS ALLEMANDS

PANTHER G (SDKFZ 171)

Longueur : 6,87 m / Largeur : 3,43 m
Hauteur : 3 m / Poids : 44,8 t
Vitesse maxi : 55 km/h
Autonomie route : 200 km
Autonomie tous terrains : 100 km
Blindage caisse avant : 80 mm à 35°
Blindage caisse latéral : 50 mm à 60°
Blindage tourelle avant : 100 mm à 80°
Blindage tourelle latéral : 45 mm à 65°
Moteur : Maybach HL 230 P 30
Type : 12 cylindres en V / Cylindrée : 23,88 l
Puissance : 700 ch à 3 000 t/min
1 canon KwK 42 L/70 de 75 mm
2 mitrailleuses MG 34
Equipage : 5 hommes
Exemplaires construits : 6 000 (tous types)

Il y a 88 et 88... Calibre égal ne veut pas dire forcément munition identique dans son format. Un bel exemple nous est donné avec ces deux obus de 88 mm allemands. A gauche, un impressionnant obus Pak 43 de 88 mm, tiré par le char Tigre et dont la tête perforante perçait tous les blindages des chars alliés. Rien à voir en taille avec l'obus de 88 mm Flak destiné au tir antiaérien, présenté ici, à droite.

Le Panther est incontestablement le meilleur char allemand et, sans doute, le meilleur des blindés de la Seconde Guerre mondiale. Il additionne les points forts : un blindage épais et bien disposé, un canon de 75 mm de 70 calibres très performant, une vitesse et une autonomie relativement élevées pour la masse déplacée et une fiabilité mécanique tout à fait respectable.

Pour les Alliés, le char Tigre est l'ennemi le plus redouté. Son canon de 88 mm a une force de pénétration telle, avec ses 810 m/s, que son obus de rupture Pak 43 perce tous les blindages connus. De plus, le monstre de 54 t est protégé par un blindage qui, au plus épais, atteint les 110 mm, le rendant quasiment invulnérable. Le char est entièrement recouvert d'un enduit spécial, la "Zimmerit", qui empêche la pose de mines magnétiques. Il en sera construit 1 355 exemplaires.

"TIGRE" E (SDKFZ 181)

Longueur : 6,30 m / Largeur : 3,73 m
Hauteur : 3 m / Poids : 54 t
Vitesse maxi : 45 km/h
Autonomie route : 195 km
Autonomie tous terrains : 110 km
Blindage caisse avant : 100 mm à 80°
Blindage caisse latéral : 80 mm à 90°
Blindage tourelle avant : 100 mm à 80°
Blindage tourelle latéral : 80 mm à 90°
Moteur : Maybach HL 230 P 45
Type : 12 cylindres en V / Cylindrée : 23,88 l
Puissance : 700 ch à 3 000 t/min
1 canon : KwK 36 L/56 de 88 mm
2 mitrailleuses MG 34
Equipage : 5 hommes

PANZER IV H (SDKFZ 161)

Longueur : 5,90 m / Largeur : 3,33 m
Hauteur : 2,68 m / Poids : 25 t
Vitesse maxi : 38 km/h
Autonomie route : 210 km
Autonomie tous terrains : 130 km
Blindage caisse avant : 80 mm à 80°
Blindage caisse latéral : 30 mm à 90°
Blindage tourelle avant : 50 mm à 80°
Blindage tourelle latéral : 30 mm à 64°
Moteur : Maybach HL 120 TRM
Type : 12 cylindres en V
Cylindrée : 11,87 l
Puissance : 300 ch à 3 000 t/min
1 canon KwK 40 L/48 de 75 mm
2 mitrailleuses MG 34
Equipage : 5 hommes

Le Panzer IV a été le char le plus utilisé par les forces allemandes pendant le conflit mondial, même s'il avouait ses faiblesses dans les dernières années avec une vitesse trop faible et un blindage insuffisant.

101

"OBERSCHARFÜHRER" DU SS PANZER R^{GT} 2

Comme les équipages de chars de la Heer, il est vêtu de la tenue noire adoptée en 1938 par les équipages d'autos blindées de la Waffen SS et qui ne sera en dotation dans les chars que trois ans plus tard. Sur sa manche gauche, il arbore l'aigle national spécifique des SS et la bande de bras de la 2e SS Panzer Division "Das Reich". Son revers de col nous indique qu'il a le grade d'"Oberscharführer", l'équivalent d'un sergent-chef. Il est décoré de la Croix de fer, de l'Insigne d'assaut blindé et de l'Insigne des blessés. Il porte autour du cou des jumelles de grande puissance ainsi que ses écouteurs et laryngophones de radio dont il tient en main la fiche de contact qui le reliera au char. Pour assurer sa protection, il est armé d'un pistolet Walther P 38 accroché à son ceinturon à boucle aux armes de la Waffen SS.

La fin d'un mythe

Le 8 août 1944, dans un champ, près de la commune de Cintheaux, un char Tigre au matricule 007 est touché de plein fouet, sans doute par une roquette tirée par un chasseur-bombardier Typhoon. L'explosion arrache la tourelle qui est projetée au loin. Tout l'équipage est tué sur le coup. Ce char est celui du plus fameux chasseur de chars de l'armée allemande, le 'Hauptsturmführer' (capitaine) Mickaël Wittmann qui commande le SS Panzer Abt 101. Il alignait à son tableau de chasse 132 canons antichars et 138 chars détruits au cours de ses campagnes dans les Balkans, en Russie et en France.

LES PANZERS SS, LE FER DE LANCE

La Lutwaffe est inexistante dans le ciel normand et la seule chose que peuvent craindre les unités alliées qui continuent d'affluer sur le sol normand, c'est l'arrivée des chars, des panzers. Ils sont peu nombreux par rapport à la masse des blindés adverses et ils mettent du temps à rejoindre la zone des combats mais, une fois au contact, ils ont souvent le dessus. Aux côtés des formations blindées de la Heer, les équipages Panzer SS se taillent une solide réputation auprès des unités blindées alliées qui les craignent particulièrement.

Les hommes des unités tankistes de la Panzer SS appréciaient beaucoup les veste de cuir provenant des dépôts de la Kriegsmarine et initialement prévues pour les sous-mariniers. Le cuir offrait une bien meilleure protection contre les chocs et surtout contre les flammes. Les pattes d'épaule portent la distinctive rose des troupes blindées motorisées. L'homme est équipé d'un petit porte-cartes en cuir et armé d'un pistolet Luger P 08. Posés sur la veste, une bande de bras de la " Leistandarte Adolf Hitler ", des pattes de col de la Waffen SS et un insigne d'assaut des blindés. La tête de mort en métal estampé est destinée à la casquette.

LES UNITES PRESENTES DANS LA BATAILLE DE NORMANDIE

Hitler croit un moment que le débarquement en Normandie n'est qu'une diversion et que l'effort des Alliés se portera plus sur les côtes du nord de la France. C'est la raison pour laquelle il n'autorisera le déplacement des unités blindées SS que lentement. Si, dès le 7 juin 1944, la 12ᵉ SS Panzer Divisionen "Hitler Jugend" part d'Evreux pour le secteur des plages, la 2ᵉ SS Panzer Divisionen "Das Reich", pourtant mise en alerte le même jour, quitte sa base de Toulouse, mais ne parviendra au sud de Caen que le 28 juin, 22 jours après le Débarquement. Le 11 juin, le Führer, se rendant compte de l'avance des Alliés, ordonne aux unités engagées en Belgique, la 1ʳᵉ SS Panzer Divisionen "Leibstandarte" et en Pologne la 9ᵉ SS Panzer Divisionen "Hohenstauffen" et la 10ᵉ SS Panzer Divisionen "Frundsberg" de rallier les côtes normandes. Entre-temps les hommes de la 17ᵉ SS Panzer Grenadier Divisionen, en provenance de Poitiers, ont contre-attaqué dans le bocage.

"JABOS, JABOS !"

C'est le cri que poussaient tous les soldats allemands, qu'ils soient "Panzer Grenadier" ou équipage de blindés quand ils voyaient surgir dans le ciel les "Jabos", les "Jagdbombengeschwader", ces chasseurs Typhoon aux roquettes meurtrières. Un passage à basse altitude pour repérer et, au deuxième passage, un déluge de feu qui broie tout sur son passage. Devant cet ange exterminateur, il n'y a qu'une solution : disparaître, se fondre dans le paysage. Les Allemands sont passés maîtres dans le domaine du camouflage mais les tenues portées par les fantassins ne suffisent pas. Il faut transformer les véhicules et les chars en bosquets roulants pour échapper aux roquettes et aux salves de canon.

"SS PANZER-GRENADIER", POURVOYEUR DE MITRAILLEUSES MG

Dans un groupe de tir servant une mitrailleuse MG 34 ou MG 42, il est le pourvoyeur qui porte les munitions. Il porte une tenue modèle 44 avec camouflage "petits pois" et son casque est revêtu d'un couvre-casque en toile camouflée. L'étui cylindrique est celui du canon de MG de rechange. Comme souvent vu au combat, l'homme porte une bande de cartouches autour du cou, prêt à alimenter la MG. Il est armé d'un mauser 98 K, une grenade à manche 1924 et une grenade "œuf" offensive complètent son armement.

Le camouflage utilisé par les Allemands pendant la bataille des Haies est un modèle du genre. Ce casque muni de son couvre-casque, camouflé sur fond de toile de tente, montre à quel point les soldats allemands – et tout particulièrement les parachutistes et les soldats de la Waffen SS – étaient passés maîtres dans l'art de se fondre dans le paysage.

Les matériels les plus divers sont passés à la peinture de camouflage : les tenues de combat, les caisses de munitions, les équipements, les véhicules...

L'ART DU CAMOUFLAGE

Aucune armée au monde n'a autant développé l'art du camouflage individuel que la Waffen SS. La Wehrmacht utilise depuis 1925 des toiles de tente camouflée mais les bureaux techniques de la SS mettent au point toute une gamme de bariolures, de combinaisons et de teintes originales, qui permettent aux soldats de se fondre littéralement dans le paysage. Les premiers couvre-casques en tissu camouflé apparaissent dès 1937, suivis des premières blouses. A la fin de la guerre, le professeur Schick met au point un camouflage "sousbois" qui se révèle un modèle du genre. Il existera quantité de combinaisons dont la plus célèbre, peut-être parce que la plus utilisée en Normandie, est le camouflage "petits pois". Les Alliés n'utiliseront jamais d'effets camouflés. Les Américains s'y sont essayés en Normandie en équipant certaines unités de combinaisons et de couvre-casques

Les équipements subissent aussi l'évolution du conflit. La couleur noire de tradition, devenue beaucoup trop visible, est progressivement abandonnée au profit de couleurs beaucoup plus discrètes. Ici, des "Feldmütze", casquettes standard de la 12ᵉ Panzer SS "HitlerJugend". A gauche, le modèle 43 du premier type en drap noir a cédé la place aux modèles camouflés avec et sans insigne.

camouflés. La trop grande similitude entre les tenues portées par cette unité et les soldats allemands allait rapidement amener les Américains à a b a n d o n n e r l'opération.

LA WAFFEN SS AU CŒUR DE LA BATAILLE...

Devant, un casque camouflé et un calot, quelques insignes et grades. De gauche à droite, une bande de bras de la 1ère SS Panzer Divisionen avec l'inscription en écriture gothique manuscrite "Adolf Hitler" ; des écussons de col et les épaulettes d'un "Unterscharführer", sergent de SS Panzer Grenadier sont posés à côté d'une paire d'épaulettes d'un "Sturmmann" des blindés (passepoil rose), avec l'inscription spécifique de la 1re SS Panzer Divisionen "Leibstandarte Adolf Hitler" aux lettres LAH entrelacées. Au premier plan, l'aigle national porté sur le bras gauche. Au fond à droite, un paquet de pansements fabriqué spécialement pour les unités de la Waffen SS.

Casque au camouflage typique de la bataille de Normandie, étui de pistolet Walther PP et ceinturon d'officier de la Waffen SS. Le ceinturon a été retrouvé au carrefour de la Valtonaine près de la commune d'Hambye. Le panneau directionnel, présenté à l'arrière-plan, est l'un des nombreux signes d'identification utilisés par les Allemands pour guider efficacement et discrètement leurs propres troupes. Les symboles utilisés permettent d'identifier une unité de transport de la 3e compagnie de la Division Panzer SS "Das Reich".

L'insigne particulier des SS est représentée par les deux lettres "S" du mot allemand "Schutzstaffel" qui signifie groupe de protection. Les lettres sont écrites. A leur création en 1923, les SS faisaient partie intégrante des SA, formation paramilitaire très active à l'époque. Les SS avaient été créés pour assurer d'une part, la protection des personnalités du parti nazi, le N.S.D.A.P. et d'autre part comme force de maintien de l'ordre. En 1933 une partie de ces forces sera encasernée et militarisée avant de prendre le nom définitif de Waffen-SS à la fin de la campagne de Pologne. La tête de mort présente sur le bandeau de la casquette est inspirée de celles que portaient traditionnellement les hussards prussiens, les "Leibhusaren".

Casquette, écussons de col et pattes d'épaule d'un "Hauptsturmführer" (capitaine d'infanterie) de la Waffen SS.

Cette Feldmütze des officiers d'équipages d'engins blindés porte sur le pourtour un passepoil en fil d'aluminium qui le distingue du calot de la troupe. Les insignes, l'aigle national et la tête de mort, sont tissés en fil d'aluminium.

Les unités blindées de la Waffen-SS présentes en Normandie

La Waffen-SS aligne sur le champ de bataille de Normandie, les régiments suivants :

- SS-Pz.Rgt.2 de la 2e division blindée SS "Das Reich"
- SS-Pz.Rgt.12 de la 12e division blindée SS "Hitlerjugend"
- SS-Pz.Rgt.1 de la 1re division blindée SS "Leibstandarte SS Adolf Hitler"
- SS-Pz.Rgt.9 de la 9e division blindée SS "Hohenstaufen"
- SS-Pz.Rgt.10 de la 10e division blindée SS "Frundsberg".
- 101e Bataillon de chars lourds.

CHEF DE GROUPE D'UNE COMPAGNIE DE SS PANZER GRENADIER

Bien qu'il soit chef de groupe, il ne porte pas de grade apparent. Son casque du dernier type porte un léger camouflage interrompu pour laisser apparentes les runes SS sur le côté droit. L'homme est vêtu d'une blouse camouflée appelée "Tarnjacke" fermée par un lacet de cuir qu'il passe par-dessus son uniforme. A remarquer le couteau de botte, la boucle de ceinturon aux armes de la Waffen SS et les porte-chargeurs de MP 40 en toile. Jumelles de dotation. Une grenade à manche est passée dans le ceinturon. En matière d'équipement, il porte, sur lui, le strict minimum.

PENDANT CE TEMPS-LA, SUR LES PLAGES... LES "MULBERRIES" TOURNENT A PLEIN...

Les "Mulberries" sont la spectaculaire réponse des Alliés au problème de l'approvisionnement des troupes d'invasion. Dans l'attente de pouvoir prendre un port digne de ce nom, les milliers de tonnes de matériel et d'approvisionnement nécessitent un point de débarquement. Il a donc été décidé de construire deux ports artificiels entièrement démontés en pièces détachées en Angleterre et qui suivent les forces d'invasion. Les deux ports sont immédiatement mis en œuvre à peine les combats terminés sur les plages.

Comme un Meccano…
les brise-lames

Ils étaient mis en place pour garantir les jetées de débarquement de toute houle qui pourrait mettre en péril les installations. Ils étaient de trois types. Un brise-lames flottant formé de bombardons est installé au large à une profondeur de 18 m et ancré au fond. Son action, qui réduit la houle d'un bon tiers, détermine une zone où viennent s'ancrer les liberty ships en attente de débarquement. Un deuxième " mur " de brise-lames est ancré par 9 m de fond. Il est composé de caissons Phœnix, énormes blocs de béton creux que l'on a remorqués à travers la Manche. Ses dimensions sont d'environ 60 m de long sur 17 m de large et 18 m de haut pour un poids de 7 t. Une fois sur place, on ouvre les vannes spécialement disposées et le bloc, s'enfonçant dans l'eau, se pose sur le fond. Certains des blocs sont armés d'un canon antiaérien de 40 mm. Puis, finalement, la digue de caissons Phœnix est prolongée à l'est par une digue formée par des bâtiments déclassés qui sont alignés précisément avant d'être coulés. A Omaha, sur Mulberry A, c'est ainsi 14 navires appelés " Corncobs " qui composent la digue. Celle-ci est ouverte sur le large par deux passes de 60 m.

Les jetées de débarquement

La grande difficulté est de pouvoir assurer le fonctionnement quotidien du port avec une amplitude de marée qui atteint les 6 m. Les musoirs Loebnitz vont le permettre. Vaste caisson coulissant monté sur quatre pieds ancrés au fond, il suit tous les mouvements de la marée et de la houle. Placé à 900 m au large, il est relié à la plage par des chaussées Whale (baleine) posées sur des caissons flottants Beetle (scarabé). Certaines chaussées peuvent faire transiter des chars Sherman de 32 t. Un résultat exceptionnel !

Les performances étaient à la hauteur de l'ingéniosité du système

A titre d'exemple, un bateau de transport de véhicules de type LST, Landing Ship Tank, pouvait être intégralement vidé de son contenu en moins de 40 min. Le bateau, simplement posé sur la plage, nécessitait pas moins de quatorze heures d'immobilisation pour opérer le même transbordement.

Secteur américain.
Mulberry A à Saint-Laurent-sur-Mer

Les premiers éléments sont arrivés dès le 6 juin 1944. Prévu terminé pour le 27, il accueille son premier LST le 17. Rythme le 18 juin : 11 000 hommes, 2 000 véhicules, 9 000 t d'approvisionnement. Quatre jours d'une tempête exceptionnelle, du 19 au 22 juin, vont rendre le port totalement inutilisable. Désormais, seul Mulberry B assurera le déchargement des convois d'approvisionnement.

Secteur britannique.
Mulberry B à Arromanches-les-Bains

Commencé aussi le Jour J, sa construction est plus longue. Seulement 2 000 t déchargées le 18 juin. Bien qu'endommagé par la tempête, il assurera vaillamment sa mission jusqu'à ce que le port de Cherbourg puisse prendre le relais… le 26 juillet.

SERGENT DE LA 2ND US INFANTRY DIVISION

Il est armé de la carabine US M 1 avec porte-chargeurs en toile monté sur la crosse. Cette arme était de même calibre que le fusil M 1 Garand mais sa munition de type revolver était très inférieure en puissance. Courte et légère, elle était un peu l'arme de transition entre le revolver et le fusil. Le sous-officier, qui porte à l'arrière une musette M 36 à usage général, est vêtu du blouson M 41 et du pantalon de drap moutarde. Le porte-cartes et les jumelles sont de dotation tout comme la lampe torche TL 122 accrochée au brêlage de toile. L'homme porte autour du cou des lunettes de protection.

LES DIVISIONS D'INFANTERIE US EN NORMANDIE

1st Division
"Big Red One"

2nd Division
"Indian Head"

4th division
"Ivy"

5th Division
"Red Diamond"

8th Division
"Golden Arrow"

9th Division
"Varsity"

28th Division
"Keystone"

29th Division
"Blue and Grey"

35th Division
"Santa Fe"

79th Division
"Lorraine"

80th Division
"Blue Ridge"

83rd Division
"Ohio"

90th Division
"Tough Ombres"

Collections Editions Hirlé Strasbourg

Chaque division américaine était représentée par un emblème soigneusement choisi, véritable symbole de l'unité. Réalisés en tissu brodé, ces insignes étaient cousus sur la manche gauche de l'uniforme, juste au-dessus de l'insigne de grade. Ces insignes n'étaient pas choisis au hasard mais racontaient, en quelque sorte, l'histoire de l'unité. Par exemple, la croix de Lorraine de la 79th Infantry Division rappelle sa participation aux combats de la Lorraine aux côtés de nos "poilus" en 1917. La 83rd Infantry Division porte dans un triangle noir les quatre lettres superposées de l'Etat de l'Ohio, lieu d'origine de la plupart de ses soldats.

UN DIAMANT ROUGE DES 2 COTES...

La 5e division US a choisi comme emblème divisionnaire un losange rouge. C'est très précisément ce même symbole qu'a choisi la 711e division d'infanterie allemande qui stationne en Normandie entre la vallée de la Dives et l'estuaire de la Seine, défendant tout le secteur Est des plages du Débarquement.

FANTASSIN DE LA HEER NOMME INFIRMIER

Fantassin ordinaire, on lui a confié la mission de brancarder les blessés de son unité. On l'identifie immédiatement à son brassard blanc qui porte la mention "Hilfs Krankenträger", qui signifie brancardier.

N'étant pas personnel infirmier qui soigne les blessés, il a conservé son casque sans y ajouter les croix rouges. Il porte le sac à dos réglementaire de la Heer, adapté pour transporter du matériel médical de première urgence et des pansements. Il a conservé son équipement militaire de base mais porte deux gourdes supplémentaires de grande capacité avec leurs brêlages spécifiques. Autour du cou, il porte la forte bande de toile qui facilite le transport du brancard.

DES BLESSES PAR MILLIERS...

Les pansements individuels allemands se présentaient généralement comme des petits paquets fermés par une ficelle nouée en croix.

Cette caisse allemande de transport d'un appareil d'oxygénation contenait une bouteille d'oxygène, divers raccords et tuyaux souples, des masques et des accessoires de jonction.

Chaque infirmier emporte une valise spéciale qui contient tout le nécessaire pour soit traiter des blessures légères, soit conditionner le blessé plus gravement atteint, avant son transfert dans un hôpital de campagne. L'infirmier porte un casque peint en blanc et un brassard, tous les deux marqués de la Croix-Rouge. Un grand drapeau, fourni dans la valise, peut être aussi déployé pour essayer de mettre les blessés et le personnel soignant à l'abri.

POLICIER MILITAIRE DE LA I^{RE} ARMÉE CANADIENNE

Pour canaliser un trafic de plus en plus important, à partir des plages puis du Mulberry d'Arromanches-les-Bains, les Alliés mettent en place un service d'ordre important. Ces policiers militaires qu'ils soient américains, britanniques ou canadiens comme ici ont toute autorité sur les personnels : du simple soldat au général quatre étoiles. Ce caporal policier du Canadian Provost Corps de la Ire armée canadienne porte le blouson de battle-dress avec le brassard marqué "Provost" et le ceinturon et baudrier blanc spécifiques de la prévôté. Il est coiffé du casque spécial de motocycliste " Despatch Rider " et porte à la main son manteau de pluie en tissu caoutchouté. La raquette de signalisation, un modèle allemand récupéré sur le terrain, et les gants à crispin sont glissés dans le ceinturon. Les "Provost" canadiens étaient équipés de motos Harley Davidson ou Norton.

UNE ARMADA ENTIEREMENT MECANISEE...

L'US Army est la première organisation militaire au monde à être entièrement motorisée alors que les armées européennes laissent encore une part significative à la traction hippomobile. Au pays du créateur de l'industrie automobile moderne, une armée ne peut se concevoir qu'entièrement montée sur roues.

Du côté britannique, l'évolution, quoique un peu plus tardive, est là. Au début de la guerre, le parc automobile britannique comptait environ 85 000 véhicules. Cinq ans plus tard, c'est le chiffre spectaculaire de 1 125 000 véhicules de tous types qui emmèneront les troupes de Sa Très Gracieuse Majesté aux portes de Berlin. Cette progression s'explique par le fait que, dans un premier temps, les Etats-Unis font profiter les Anglais des commandes passées par le gouvernement français avant l'invasion, avant que les Britanniques ne relancent leur production nationale, aidés puissamment par le Canada qui a l'avantage de produire des véhicules à l'esprit et au look "so british". L'avantage par rapport aux Etats-Unis, qui participent aussi au rééquipement des troupes anglaises, est que les véhicules répondent en tous points aux spécificités des véhicules britanniques.

JEEP WILLYS OVERLAND

Longueur : 3,36 m / Largeur : 1,58 m
Hauteur : 1,77 m / Poids : 1,100 t
Vitesse maxi : 105 km/h
Autonomie route : 380 km
Blindage : non
Moteur : Willys Overland
Type : MB 4 cylindres
Cylindrée : 2,2 l.
Puissance : 60 ch à 3 800 t/min
Consommation : 15 l/100 km
Nombre d'exemplaires construits :
Willys : 360 000
Ford : 260 000

DODGE WC 62

Longueur : 5,70 m
Largeur : 1,92 m
Hauteur : 2,17 m
Poids : 3,275 t
Vitesse maxi : 80 km/h
Autonomie route : 340 km
Blindage : non
Moteur : Dodge
Type : T 223 6 cylindres
Cylindrée : 3,800 l.
Puissance : 92 ch à 3 200 t/min
Consommation : 29,5 l/100 km
Nombre d'exemplaires construits : 43 278

LA PUISSANCE DES ALLIÉS : DES DIZAINES DE MILLIERS DE VÉHICULES ET DES MILLIONS DE LITRES DE CARBURANT

Pour les approvisionnements, il y a le "Red Ball Convoy"...

L'avancée des troupes alliées nécessite, chaque jour, des milliers de tonnes d'approvisionnement qui, une fois débarquées sur les plages, doivent être acheminées au plus près des combats. Les Alliés ont mis au point un système simple à l'efficacité redoutable, le "Red Ball Convoy" : Une voie montante, une voie descendante, exclusivement réservées à une noria de camions, qui y circulent de jour comme de nuit à une vitesse imposée. Pas le droit de s'arrêter ni d'interrompre le convoi, tout véhicule en panne est impitoyablement poussé sur le côté. L'inexorable puissance des Alliés réside dans ses dizaines de milliers de véhicules disponibles, entretenus et renouvelés en cas de besoin, et le fait primordial de pouvoir disposer de carburant quasiment à jet continu.

GMC DUKW 353

Longueur : 9,45 m / Largeur : 2,44 m
Hauteur : 2,70 m / Poids : 6,560 t
Vitesse maxi : 80 km/h
Autonomie route : 385 km
Blindage : non
Moteur : GMC
Type : 270 6 cylindres
Cylindrée : 4,4 l.
Puissance : 104 ch à 2 750 t/min
Consommation : 40 l/100 km
Nombre d'exemplaires construits : 21 147

... et pour le carburant, il y a "Pluto"

Pour acheminer les millions de litres d'essence indispensables à leurs véhicules, les Alliés vont employer les grands moyens en faisant appel à "Pluto". Pluto n'est pas, ici, le chien jaune à grandes oreilles de Mickey mais un pipe-line sous-marin qui va être tiré de l'île de Wight au port d'Arromanches-les-Bains. Dès le premier jour du Débarquement, de gigantesques bobines flottantes, tractées par des remorqueurs, vont déposer au fond de l'eau un tuyau géant par où vont s'écouler des millions de litres d'essence. "Pluto" signifie, en effet "Pipe-line Under The Ocean", un tuyau sous l'Océan. Le génie va établir, à partir du port d'Arromanches-les-Bains un gigantesque réseau de plusieurs canalisations, qui va suivre l'avancée des troupes alliées et amener le carburant au plus près des forces de l'avant jusqu'en Hollande.

HALF-TRACK M3 A1

Longueur : 6,17 m / Largeur : 2,22 m
Hauteur : 2,38 m / Poids : 7,040 t
Vitesse maxi : 72 km/h
Autonomie route : 320 km
Blindage : 6,5 à 12 mm
Moteur : White
Type : 160 AX 6 cylindres
Cylindrée : 6,300 l
Puissance : 147 ch à 3 000 t/min
Consommation : 65 l/100 km
Nombre d'exemplaires construits : 41 170

G.M.C. CCKW-353

Longueur : 6,48 m / Largeur : 2,24 m
Hauteur : 2,80 m / Poids : 4,560 kgt
Vitesse maxi : 75 km/h
Autonomie route : 385 km
Blindage : non
Moteur : GMC / Type : 270 6 cylindres
Cylindrée : 4, 400 l. / Puissance : 105 ch à 2 750 t/min
Consommation : 38 l/100 km
Nombre d'exemplaires construits : 562 750

DES MILLIERS COMME LUI TENTENT DE FUIR...

Ce "PanzerGrenadier" de la Heer a endossé une blouse camouflée par-dessus son uniforme de drap. La fatigue qui se lit sur son visage se mêle à l'angoisse de se retrouver pris au cœur d'un véritable désastre : une armée de 200 000 hommes avec armes et matériels - du moins ce qu'il en reste - complètement encerclée et prise dans une tenaille qui se referme inexorablement. Dépassant du col de la blouse au camouflage flou, les pattes de col permettent d'identifier un "PanzerGrenadier" de la Heer.

UNE ARMEE ENTIERE PRISE AU PIEGE

Les VIIᵉ et Vᵉ armées blindées allemandes tentent d'échapper à l'encerclement d'une tenaille qui se referme lentement et qui mêle Américains au sud, Britanniques à l'ouest, Canadiens et Polonais au nord et les Français de la 2ᵉ DB du général Leclerc, fraîchement débarqués au début du mois d'août et qui, bousculant tout sur leur passage, tentent de fermer cette nasse où se pressent 150 000 hommes et des milliers de véhicules. Le 21 août 1944, dans un triangle reliant les villages de Trun, Chambois et Saint-Lambert-sur-Dive, le piège se referme sur 50 000 soldats de toutes les unités de la Wehrmacht et de la Waffen SS, 400 chars, 2 000 véhicules et plus de 1 000 pièces d'artillerie. Une certaine désorganisation chez les Alliés, devant la rapidité et l'effondrement de la situation, a permis à plus de 100 000 Allemands de quitter la poche entre le 12 et le 20 août. Ce sont ces soldats que les Alliés vont retrouver tout au long de leur marche vers Berlin. Ce qui aurait pu sceller immédiatement la fin du conflit a échoué. Tentant de fuir les combats pour se réorganiser en Allemagne, 240 000 hommes, accompagnés de plus de 30 000 véhicules, vont franchir la Seine dans les environs de Rouen, quelques jours plus tard. Seule consolation pour les Alliés, qui assistent impuissants à cette fuite, les Allemands n'ont réussi qu'à sauver 150 chars.

L'anéantissement des troupes allemandes prises au piège dans le "Corridor de la Mort" est tel que les champs, les bois, les chemins conserveront pendant plusieurs dizaines d'années les vestiges de ces destructions. Carcasses de chars et de véhicules de toutes sortes, amas de matériels et de caisses, débris métalliques informes témoignent de la dureté de ce qui clôt la bataille de Normandie et du même coup scelle quasiment le destin de l'armée du Grand Reich.

LE TOURNANT
DE LA GUERRE...

Le 20 août 1944 à J + 75, avec 15 jours
d'avance sur les prévisions du Haut
Commandement allié, s'achève la bataille
de Normandie. Les Allemands ont perdu,
pendant cette période qui court du Jour J
à la fermeture de la poche de Falaise,
450 000 hommes dont 200 000 tués. 55
divisions ont été réduites à néant, 1 500
chars, 2 000 pièces d'artillerie et 20 000
véhicules de toutes sortes ont été mis hors
de combat. L'encadrement a été aussi
durement touché puisque 23 généraux
commandants d'unités ont été tués, blessés, dont le maréchal Rommel en personne,
ou faits prisonniers.

75 jours de combats ininterrompus
emmènent les troupes alliées des plages
du Débarquement aux berges de la Seine.

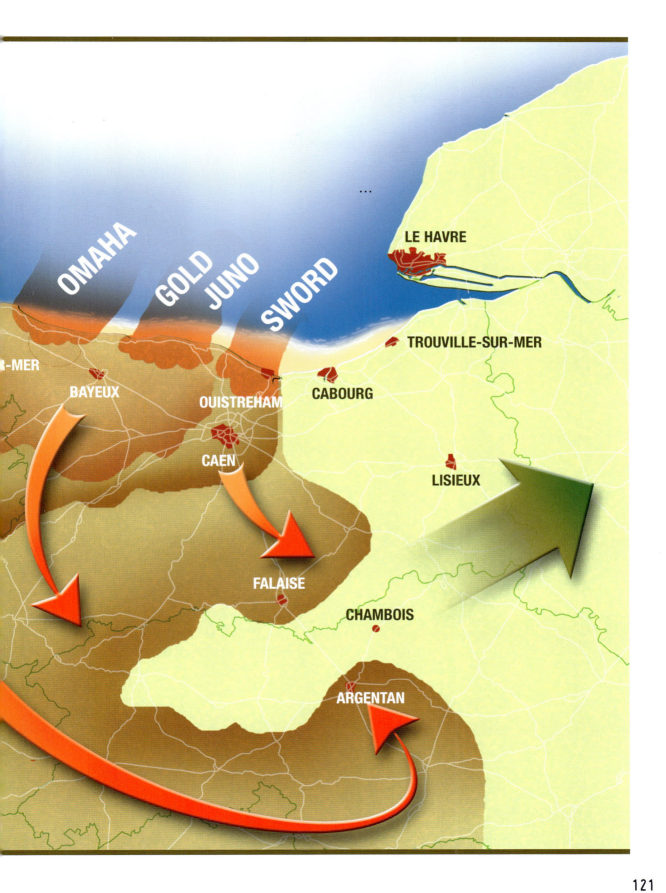

OMAHA

GOLD

JUNO

SWORD

LE HAVRE

TROUVILLE-SUR-MER

R-MER

BAYEUX

OUISTREHAM

CABOURG

CAEN

LISIEUX

FALAISE

CHAMBOIS

ARGENTAN

... ET DES DIZAINES DE MILLIERS DE MORTS

CÉLÉBRÉS OU ANONYMES...

Croix blanches, dalles de pierre ou bloc de terre cuite, dans l'anonymat des tombes bien alignées, ils sont des dizaines de milliers à être ensevelis dans la terre normande. Les Britanniques ont enterré leurs morts souvent sur place dans 16 cimetières qui parsèment tout le bocage normand et dont le plus petit à Chouain–Jérusalem abrite 40 tombes. Les Canadiens ont deux cimetières à Bény-Réviers et Bretteville-sur-Laize et 650 morts polonais sont rassemblés à Grainville-Langannerie. Les Américains ont rassemblé les corps dont les familles souhaitaient qu'ils restent sur place, dans deux cimetières à Saint-James et à Colleville-Saint-Laurent. Les dépouilles allemandes des combats de Normandie sont regroupées dans 6 cimetières dont le plus grand, celui de la Cambe, entre Bayeux et Isigny, avec ses 21 200 tombes accueille toujours les corps retrouvés soixante ans plus tard.

UNIS POUR L'ETERNITÉ

Ils sont toujours cinq. Qu'ils soient britanniques, polonais, allemands ou américains, ils font la guerre au cœur de monstres d'acier. Quand la Mort les frappe, elle les scelle dans un destin d'où il est souvent impossible de les dissocier. L'équipage est donc enseveli dans une tombe commune surmontée d'une dalle portant les cinq noms comme au temps où chef de char, pointeur, tireur, pourvoyeur et conducteur ne faisaient qu'un.

Parmi tous ces équipages anonymes, une tombe plus fleurie et plus célèbre que les autres, celle de l'équipage du Tigre 007 du Hauptman Michaël Wittmann.

Ils étaient frères. Ils avaient endossé l'uniforme pour finir cette sale guerre qui embrasait la vieille Europe, et maintenant, le monde entier. Par un destin tragique, ils ont été frappés tous les deux et pour certains, ils reposent, désormais côte à côte. Voici l'histoire terrible et exemplaire de huit frères disparus.

"BROTHERS IN ARMS"

Le même jour, dans la même unité…

Les frères Hoback, de l'Etat de Virginie, ont choisi de combattre dans la même unité, le 116th Infantry Regiment qui dépend de la 29th Infantry Division, "Blue and Grey". Leur objectif est de prendre pied sur la plage qui porte le nom de code d'"Omaha Beach". Ce qu'ils ignorent encore, c'est que leur division, et principalement leur régiment, va être particulièrement prise sous le feu ennemi et subir de très lourdes pertes. Le "PVT" Bedford T. Hoback et le "Staff Sergeant" Raymond S. Hoback seront fauchés dans l'attaque. Ils sont tous les deux inhumés au cimetière américain de Colleville-sur-Mer. Bedford T. Hoback repose tombe G 10 28. Son frère Raymond, dont le corps n'a jamais été retrouvé, est inscrit sur le "Wall of Missing", le "Mur des Disparus".

Le même jour, par le même obus…

Les frères Moreland habitent le petit village de Bushong, près de la ville de Lyon dans le Kansas. Ils ont choisi la même unité, le 149th Engineer Combat Battalion où Jay B. est sergent alors que son frère William W. a un grade légèrement plus élevé puisqu'il est "Staff Sergeant". Le matin du 6 juin 1944, ils sont à bord du LCI 92, un navire de débarquement de troupes qui fonce vers la plage d'Omaha. En tant qu'unité du génie, ils doivent débarquer avec la seconde vague d'assaut. Leur mission est de participer à la démolition des obstacles et à leur déblaiement. Le navire, qui slalome entre les obstacles et les débris divers qui commencent à s'accumuler devant la plage, ne peut éviter une mine qui explose sous la coque et immobilise le navire. Un obus le frappe alors de plein fouet, causant la mort instantanée de plusieurs dizaines de soldats qui attendaient de débarquer. Dans un des compartiments du navire, les deux frères font partie des victimes. L'état des corps est tel, que l'administration américaine mettra plusieurs années à rendre son verdict. Par recoupements successifs, l'Administration établira que la tombe X 53, qui abritait jusqu'alors un soldat inconnu, pourrait éventuellement être celle du sergent Jay B. Moreland. Le nom du "Staff Sergeant" William W. Moreland figure toujours sur le "Mur des Disparus".

Le même jour, sur deux plages différentes…

Originaires du Massachusetts, les frères Joseph et Manuel Arruda, tous les deux soldats de première classe sont intégrés à deux unités très différentes. Le premier, Joseph, a rejoint les rangs du 8th Infantry Regiment qui dépend de la 4th Division "Ivy", alors que son frère Manuel se bat dans la prestigieuse 1st Division, la "Big Red One", au sein du 1st Engineer Combat Battalion. Le 6 juin 1944, le "PFC" Joseph F. Arruda débarque à Utah Beach. Trente kilomètres plus à l'est, son frère Manuel fait de même sur la plage d'Omaha. En tant que personnel du génie, il a en charge la démolition des obstacles qui défendent la plage et empêchent le débarquement des vagues d'assaut suivantes. Ironie du sort, la plage d'Utah connaîtra un débarquement plutôt "arme à la bretelle" alors que Omaha y gagnera le nom terrible de "Bloody Omaha", "Omaha la Sanglante". Deux plages, deux destins différents et pourtant une même fin pour les deux frères. Au soir du 6 juin, leurs noms rejoindront la longue liste des victimes du premier jour de l'invasion. Ils sont inhumés au cimetière américain de Colleville-sur-Mer. Ils reposent côte à côte, tombes G 5 25 et G 5 26.

Ils sont les vrais "soldat Ryan"…

Ils s'appellent tous les deux Niland, se prénomment Preston et Robert et vivent dans l'Etat de New York. C'est leur histoire qui va inspirer Steven Spielberg pour la réalisation du célèbre film *Il faut sauver le soldat Ryan*. Robert J. Niland est sergent dans l'une des unités de parachutistes les plus prestigieuses des Etats-Unis avec la 101st Airborne Division : la 82nd Airborne Division. Robert est donc un des premiers à sauter sur la terre normande avec ses camarades du 505th Parachute Infantry Regiment. Il figurera aussi dans les premières victimes. Son frère Preston T. est 2nd Leutnant au 22nd Infantry Regiment qui dépend de la 4th Division. Celle-ci débarque à Utah Beach à quelques kilomètres de l'endroit où ont sauté les parachutistes de la 82th Airborne. Le lieutenant ignore certainement tout du sort fatal de son frère quand il est lui-même frappé à son tour le lendemain. Ils sont inhumés au cimetière américain de Colleville-sur-Mer. Ils reposent côte à côte, tombes F 15 11 et F 15 12.

TABLE DES MATIÈRES

REMERCIEMENTS

Merci à tous ceux qui ont apporté leur concours, de façon si chaleureuse et si sympathique, à la réalisation de cet ouvrage.

Ma gratitude ira particulièrement à Tanguy Le Sant et François Lepetit, véritables artisans des contacts et des relations qui se sont établis au fil des mois avec les musées et les collectionneurs privés .

Sans leur aide et leurs collections, ce projet serait resté dans les cartons.

Mes remerciements iront aussi à tous ceux qui m'ont accueilli, assisté et encouragé dans ce travail :

les musées et leurs responsables

Daniel Trefeu du musée "Omaha" de Saint-Laurent-sur-Mer

Pierre-Louis Gosselin du musée "Big Red One Assault Museum"

Auguste Foché et le président Jean d'Aigneaux du musée "Airborne" de Sainte-Mère-Eglise

Michel Brissard du musée "D. Day-Omaha" de Vierville-sur-Mer et son projet de reconstitution d'un ensemble Mulberry

Eric Pasturel du musée "Remember" de Dinan pour sa gentillesse et son implication

M. Tisserand, intendant du cimetière militaire allemand de La Cambe

Marie-France et Ronald Hirlé, des Editions Hirlé à Strasbourg, pour leur collaboration et la mise à disposition de leurs archives

François Cibulski, Charles-Hubert, Philippe et Romuald pour cette passion de l'Histoire si bien partagée

et sans oublier deux collectionneurs passionnés qui m'ont ouvert leurs collections avec autant de patience que de gentillesse et qui souhaitent garder l'anonymat. Je sais qu'ils se reconnaîtront.

Les maquettes de blindés, de véhicules et d'avions sont dues à de véritables artistes qui ont prêté gracieusement leur concours à l'illustration de ce livre.

François Lepetit pour le Centaur IV et le Cromwell IV de la page 59, le Churchill Crocodile de la page 60, l'ensemble des Sherman et le Pacific et sa remorque porte-char de la page 61, le Sherman "Hedge Cutter" de la page 96, le Tigre de la page 97, le Panther de la page 99, les véhicules allemands de la page 101.

Le tandem Pascal Lejouis pour les maquettes et Frédéric Mouchel pour les dioramas du LCM de la page 39, du Sherman de la page 59, les Sherman Duplex Drive et Flail de la page 60, du Destroyer M10 de la page 61, du Panther G de la page 100.

Michel Tonnevy pour le Spitfire de la page 67

Toute ma gratitude va à l'AMAC 35, club de maquettistes de Cesson-Sévigné qui m'a beaucoup aidé sur ce projet et favorisé mes contacts avec les maquettistes.

Franck Bazin, président de l'AMAC 35 pour le Panzer IV de la page 101

Jean-Christophe Josse pour le Typhoon de la page 67

Tous les écussons proviennent de la collection des Editions Hirlé

LES MUSÉES QUI ONT PARTICIPÉ

Les objets que vous avez pu découvrir au fil de ces pages proviennent soit de collections privées, soit de musées qui ont accepté de participer à la réalisation de ce livre. Ces objets, véritables témoins de notre histoire, méritent absolument d'être vus "en vrai", la photographie ne pouvant restituer qu'imparfaitement l'émotion qu'ils dégagent. Ces musées ont su entourer ces objets de mémoire, de quantités d'autres qui sauront aussi vous toucher en vous racontant leur histoire.

MUSEE OMAHA

Musée mémorial d'Omaha Beach
Les Moulins, avenue de la Libération
14710 Saint-Laurent-sur-Mer

Téléphone : 02 31 21 97 44
Fax : 02 31 92 72 80

E-mail : musee-memorial-omaha@wanadoo.fr
Site Web : www.musee-memorial-omaha.com

Heures d'ouverture :
15/02 - 15/03 : 10h-12h30 et 14h30-18h.
16/03 - 15/05 : 9h30-18h30.
16/05 - 15/09 : 9h30-19h
sauf juillet - août : 9h30-19h30
16/09 - 15/11 : 9h30-18h30.

Le musée présente une superbe collection de véhicules militaires, d'armes, de costumes et d'insignes utilisés par les soldats américains et allemands pendant la Seconde Guerre mondiale et retrace les évènements et la vie économique sous l'occupation allemande. Des documents sur la résistance et la déportation y sont exposés sur des panneaux thématiques traduits en anglais. Un panorama grandeur nature accompagné de mannequins en situation de combat évoque le débarquement sur Omaha.

MUSEE REMEMBER 1939-1945

Le Pont de la Haye
Léhon - 22100 Dinan

Téléphone : 02 96 39 65 89

Heures d'ouverture :
tous les jours pendant les vacances scolaires et jours fériés : 10h-12h - 13h30-18h30
Hors saison :
ouverture sur rendez-vous.

Une exposition de plus de 2 000 pièces du terrain, du paquet de cigarettes au moteur d'avion, avec plus de 20 mannequins en tenue d'origine, pièces d'artillerie et véhicules d'époque. Evocation de la Résistance avec exposition de tracts, containers de parachutage, objets S.A.S. Reconstitution d'un blockhaus allemand complet avec sa chambrée et son mobilier réglementaire, sa salle radio et son armurerie. Sa chambre de tir armée d'un canon Skoda de 47 mm est unique en Europe.

MUSEE "BIG RED ONE ASSAULT MUSEUM"

M. Pierre-Louis Gosselin.
Hameau Le Bray - D 514
14710 Colleville-sur-Mer – Omaha Beach

Téléphone 02 31 21 53 81 / 06 72 89 36 18

Heures d'ouverture :
01/03 – 31/05 : 10h – 18h
01/06 – 31/08 : 9h – 19h
01/09 – 30/11 : 10h – 18h
Fermé en décembre, janvier et février.

Le musée est consacré plus particulièrement aux premières vagues d'assaut de l'infanterie américaine sur Omaha Beach, le 6 juin 1944. De leur entraînement et leur embarquement en Grande-Bretagne à la participation des 1re et 29e divisions US à la libération de la Normandie. Présentation de matériels, armement, mannequins, rares pièces de terrain… Archives photographiques et écrites à consulter sur place. Accès handicapés. Parking privé pour cars et voitures particulières.

MUSEE AIRBORNE

Musée des troupes aéroportées et du Douglas C-47

50480 Sainte-Mère-Eglise

Téléphone : 02 33 41 41 35
Fax : 02 33 44 78 87

E-mail : musee.airborne@wanadoo.fr
Site Web : www.airborne-museum.org

Heures d'ouverture :
01/02 - 30/11 : tous les jours.

Dans un parc de 3 000 m², un premier bâtiment en forme de parachute abrite un planeur Waco dans son état d'origine ainsi que de nombreuses vitrines garnies de documents et objets d'époque, d'armes, munitions, matériels, uniformes. Dans le deuxième bâtiment, est exposé un Douglas C-47 ayant participé au largage des parachutistes et au remorquage des planeurs lors de l'opération Overlord. De nombreux mannequins en tenue d'époque sont présentés ainsi que des souvenirs personnels, offerts par des vétérans américains. Des bornes interactives, réparties dans les salles, permettent de se documenter plus précisément sur la libération de Sainte-Mère-Eglise et la bataille de Normandie.

MUSEE D. DAY OMAHA

Route de Grandcamp
14710 Vierville-sur-Mer

Téléphone - Fax : 02 31 21 71 80

Heures d'ouverture :
01/04 - 31/05 : 10h-12h30 - 14h-18h
01/06 - 30/09 : 9h30-19h30
01/10 - 11/11 : 10h-12h30 - 14h-18h.

Une collection remarquable de véhicules, d'armes, d'uniformes, et de matériels qui retracent les quatre ans d'occupation allemande et les combat du débarquement de la première division d'infanterie américaine sur la plage d'Omaha.

Editeur : Servane Biguais
Conception graphique & mise en pages : Ad Lib, Rennes (35)
Photogravure : Micro Lynx, Rennes (35)
Impression : Gibert Clarey Imprimeurs, Chambray-lès-Tours (37)